L U Q U I
Enfrentando miedos

Rafael Villarreal

Primera edición: Mayo de 2015

INTRODUCCIÓN

¿Qué existe en la mente de las personas que bloquea su derecho a ser felices? ¿Cuál será la razón de que esas personas estén intentando una y otra vez alcanzar sus objetivos sin poder lograrlos? ¿A qué se deberá que una gran cantidad de seres humanos se sientan frustrados por los logros que tienen en su vida profesional? Preguntas sin respuesta para una gran parte de la humanidad, cuestionamientos sin una luz de esperanza o tal vez ni siquiera nos atrevemos a formularnos estos planteamientos. La sociedad está viviendo en la etapa de un desarrollo acelerado en el campo de las comunicaciones; la tecnología no deja de avanzar y rebasa a aquellos que sean incapaces de aceptar este cambio, ante esto surge otra interrogante ¿La tecnología es la causante de que las personas vivan estresadas, frustradas o incapaces de lograr sus metas? ¿Cuál es tu respuesta?... Coincido absolutamente contigo en que la respuesta contundente es no; los medios electrónicos, el uso de internet, de redes sociales digitales son solo herramientas para lograr resultados de aquello que tenemos en mente.

El estrés es un estado mental generado por presiones externas, es una consecuencia de no "acomodar" las actividades a seguir en un patrón predeterminado de acción; es tomar responsabilidades en exceso a nuestra capacidad de cumplimiento, es desgastarnos mentalmente por no poder cumplir con tareas autoimpuestas; es una situación que se genera en la mente y que se manifiesta en forma física a través de enfermedades reales. Casi todo mundo vive estresado (Incluyendo a los jóvenes) y como te habrás dado cuenta es una consecuencia de nuestras acciones, así que tampoco es una respuesta afirmativa en su totalidad a los planteamientos de inicio, ¿Influye en nuestro actuar? ¡Sí! pero no es determinante.

Luqui era una niña feliz, le encantaba salir de paseo al arroyo que estaba cerca de su casa en compañía de su familia, era la niña más alegre cuando corría de un lado a otro entre los árboles que bordeaban aquel pequeño hilo de agua que serpenteaba por toda aquella región; cuando Luqui ingresó a la escuela se destacó inmediatamente por su entusiasmo, cumplía con sus tareas y siempre estaba dispuesta para realizar actividades al aire libre, su amor por la naturaleza era innato, siempre se caracterizó por eso; se embelesaba contemplando el volar de un pájaro o el desplazamiento de una hormiga cargando una gran hojita de una planta del jardín escolar hacia el hormiguero; distante a unos cuantos metros para nosotros los humanos, pero de una gran distancia para aquella pequeña previsora de los tiempos venideros, tiempos de lluvia y frío… Esa era la pequeña Luqui en su infancia.

Cuando la conocí era una persona muy temerosa, era una joven incapaz de atreverse a salir de su casa, el hecho de pensar en cruzar la puerta de la cerca hacia la calle la llenaba de pavor, un temor que la hacía temblar y si alguien le hacía la sugerencia de que intentara abandonar su refugio tan solo cruzando aquella puerta, era suficiente para que los sollozos hicieran presa de ella por un largo período de tiempo, ¿qué le pasó a Luqui? ¿En qué momento de su vida surgió ese temor tan fuerte a salir de su casa? ¿Cuál fue la razón de este encierro impuesto por ella misma? ¿Qué tipo de fortaleza encontraba estando dentro de su hogar? ¿Cómo se generó esta fobia tan arraigada a su mente?

Sin importar el lugar del mundo donde te encuentres, sin tomar en cuenta la carrera que estés estudiando o la profesión que desempeñas actualmente, sin tomar en cuenta tu posición social, la actividad económica o la vida que lleves, la historia de Luqui es una luz de esperanza para aquellos que se encuentran luchando por encontrar un motivo real para disfrutar la vida, muchas personas no encuentran un propósito adecuado para ser felices, para sentirse realizados o en su caso, para detectar su propósito de vida; es difícil encontrar la respuesta si somos incapaces de ver opciones o todavía más, de generarlas nosotros mismos. Luqui es una novela basada en una situación real, en donde la protagonista nació como todos los niños en el mundo: inocentes a los problemas de los adultos y deseosos de conocer el mundo; pero en algún momento de su existencia esas ganas de explorar todo lo que se le presentaba fueron cortadas sin que ella se diera cuenta, el mal ya estaba hecho, la herida empezaría a sangrar lentamente y tiempo después caería presa de un temor tan arraigado que la obligó a encerrarse por casi cinco años en su casa, ¿qué le pasó? ¿Dónde se generó el problema? Las respuestas están despejadas a medida que se desarrolla la historia. En su desesperación los padres de Luqui buscaron diferentes alternativas sin encontrar resultados positivos, el verla encerrada, el saber que ella sufría en silencio porque sus sobrinitos crecían y su ilusión era acompañarlos a la escuela del lugar en sus primeros años escolares, los hacía llorar en silencio ¿cómo se despejó la barrera que impedía a la joven Luqui salir de su casa? ¿Tendría Luqui otras ilusiones?

Los bloqueos que padecen muchas personas para realizar sus propósitos de vida en su mayoría provienen de situaciones que se generaron en su infancia o adolescencia, pero al igual que la historia de Luqui, nunca se dieron cuenta de ello; existen indicadores muy claros de cómo estos patrones se manifiestan en los adultos: frustración, envidias, rencores, miedos de diversas índoles, fobias arraigadas, codependencias y todas ellas afectan el derecho de todo ser humano en este mundo: ser felices. Procastinar o posponer es consecuencia de estos patrones de conducta que nos llevan a actuar de esta manera; las personas quieren cambiar pero claudican en sus intentos, quieren ser felices, quieren estar en paz consigo mismas, pero esas semillas que fueron plantadas en su infancia o adolescencia germinaron y hoy están generando frutos amargos que tienen que comer y que a fuerza de sentirse infelices por ello, desean también que otras personas los consuman, piensan que si comparten su carga será más llevadera, pero no se dan cuenta que por más que traten de contaminar a las personas que las rodean con sentimientos negativos o con actitudes equivocadas lo único que están haciendo es hacer más productivo su árbol de frutos malos... Luqui se dio cuenta de ello y ahora es una joven llena de vida, llena de propósitos y feliz por acompañar a sus sobrinitos al jardín de niños...

¿Cuántas Luquis o cuántos Luquis andarán por el mundo buscando alternativas de solución? ¿Cuántos de ellos pasarán por este mundo sin encontrar una respuesta a cómo vivir felices? Si Luqui se atrevió a dar el primer paso para superar su gran temor de vivir aislada y se equivocó; si se atrevió a dar un segundo pasó y lo logró, ¿Qué tan dispuesto estás a caminar?

La senda que caminó Luqui espera por ti, así que empieza a transitar por ella, acompaña a nuestra protagonista en cada una de las etapas que le tocó vivir y date el permiso para darte cuenta de que todo lo que necesitas para ser feliz es atreverte a caminar, atreverte a dar ese primer paso que te llevará de la mano al logro de tus objetivos... Te deseo mucho éxito en tu recorrido...

ÍNDICE

CAPÍTULO I

MIRANDO LA LIBERTAD

(El despertar de las ilusiones perdidas)

Aquella mañana Luqui se sentía feliz, se encontraba bajo la sombra de aquel árbol de algodón que tantas horas había compartido con ella, casi todas las mañanas estaba sola en el patio de su casa; siempre que amanecía medio nublado y con un poco de viento le generaba un estado de alegría interna que por lo regular culminaba con una sonrisa dibujada en su rostro, situación que desaparecía inmediatamente en cuanto se presentaba alguien que interrumpía su comunión con su eterna confidente: ¡La planta de algodón! Siempre que se conectaba con ese estado interno de dicha, surgía la gran fantasía que la hacía sonreír, ella anhelaba poder cruzar la puerta de la reja y caminar, caminar libremente por las calles de su pequeño pueblo, cruzarlo a marchas forzadas sintiendo como el viento chocaba contra su rostro, anhelaba tanto esa libertad que el hecho de imaginarse chapoteando en el arroyo que estaba cerca de su casa le arrancaba esa sonrisa que solo compartía con su silencioso compañero.

Sin saber la razón, en esos momentos se sentía especialmente feliz, el deseo de superar la gran puerta de la reja se hacía más vehemente, cada vez que sonreía se miraba traspasando la barrera que había aparecido de la noche a la mañana, barrera que solo le permitía sentirse segura en el pequeño espacio donde estaba construida su casa; de hecho se encontraba sorprendida de sentirse tan contagiada, siempre que las mañanas se mostraban cariñosas con ella al traerle vientos suaves y nublados leves que tapaban al sol por grandes espacios de tiempo, le generaban esa felicidad que ella disfrutaba a plenitud. De pronto se quedó mirando fijamente aquella puerta y sin darse cuenta se encontró caminando hacia ella, poco a poco, con pasos cortos y suaves, Luqui avanzaba.

Parecía que todo conspiraba para que por primera vez en casi cinco años sucediera aquel milagro que tanto había esperado, el algodón agitaba sus frondosas ramas debido a que el viento chocaba con él, como invitando a la joven emprendedora a que no se detuviera, a que fuera intrépida; a medida que se acercaba volteaba de vez en cuando, sonriendo a su silencioso cómplice, se sentía animada, era la primera vez que lo intentaba sin explotar en   sollozos, cuando se encontraba a un paso de cruzar aquella frontera que tan distante había estado de ella, volteó por última vez, sonrió y levantó su pierna...

Luqui no supo que pasó, pero al instante, en el preciso momento en que se encontraba dando ese avance definitivo en fracciones de segundo vinieron a su mente imágenes de rostros indefinidos que se presentaban frente a ella y que la obligaron a correr de prisa hacia el refugio que tanta paz le generaba, la fronda de su gran amigo, mientras corría sentía como aquellos rostros la perseguían, nunca lo habían hecho, solo se mostraban frente a ella cuando pensaba en cruzar la puerta de su libertad, pero hoy, la sensación fue más intensa y no desaparecieron hasta que llegó al cobijo de su gran compañero; el viento se detuvo, el sol volvió a salir y Luqui sintió como un interminable desfile de lágrimas recorría su rostro, sentía como cada una de ellas le recordaba que la consecuencia de pensar en atreverse a "aquello tan aterrador" le generaría ese llanto tan doloroso y ahora que fue más allá parecía que las perlas salidas de sus ojos le quemaban el rostro.

Aquella mañana donde Luqui sintió más que nunca las consecuencias de cruzar su gran obstáculo, ese día se generó en su interior un pensamiento, un deseo que a partir de esa experiencia se convertiría en su mayor satisfacción: salir de su prisión, abandonar aquella casa, su casa y disfrutar como todas las jóvenes de su pueblo, sabía que para ello tenía que eliminar esa barrera, estaba consciente de sus limitaciones, estaba cierta de que era imposible salir adelante mientras siguiera permitiendo que los terribles fantasmas en forma de rostros la persiguieran; ella lo sabía, pero el derecho a soñar la libertad era el mayor aliciente para soportar aquel encierro.

Para su fortuna todavía tuvo un par de horas más antes de que regresara su madre, quien trabajaba en la panadería de su comunidad, tiempo suficiente para llorar y sentirse muy triste por su situación, pero algo sucedió esa mañana, pues si bien era cierto que su corazón sufría, que la tristeza la embargaba, aquella mañana había realizado un acto de valor, un acto que solo compartiría con su eterno compañero en sus momentos de soledad; estaba triste, pero aunque las lágrimas dolían, se atrevió a soñar por primera vez que ella disfrutaba su vida al otro lado de la cerca y que podía entrar y salir a placer, sin que aparecieran los eternos guardianes de su prisión. En su mente se experimentaba una sensación contradictoria: seguir protegida en los patios de su casa sin intentar salir y seguir compartiendo su soledad con su silencioso compañero o atreverse a soñar que revivía todos sus momentos de infancia, todo el   desarrollo de su adolescencia,   aunque este último parecía un poco borroso, como difícil de recordar o de querer recordar; ahora se daba cuenta, después de años, que podía soñar con la libertad, que su derecho a disfrutar aunque sea a través de sus pensamientos nadie podría arrebatárselos. Durante mucho tiempo estuvo meditando sobre esta situación, tan abstraída estaba que no se dio cuenta de la llegada de su madre.

Por la noche Luqui soñó que se encontraba caminando por entre las calles de su pueblo, que se encontraba a sus antiguas compañeras de escuela, pero extrañamente nadie se sorprendía de verla fuera de su casa, sino que se sentían gustosas de verla tan contenta, empezó a caminar con las que más se llevaba y se enfilaron hacia la plaza, tenían tanto de que platicar que el recorrido se le hizo muy corto, demasiado breve; saludó a su madre al pasar frente a la panadería, ¡Qué raro! Tampoco se extrañó, una vez que llegaron se sentaron en una de las bancas y compartieron durante mucho tiempo. Se sentía feliz de saberse aceptada por sus amigas a pesar de haber estado tan distanciadas durante tanto tiempo, al principio todas la visitaban, pero al paso de los meses se fueron alejando poco a poco, solo una joven vecina seguía yendo a su casa, era una jovencita que también disfrutaba mucho de la soledad, pero a diferencia de ella, ésta se paseaba libremente sin pensar en que algo tremendo le impediría salir de su casa, aquella noche fue el inicio de atreverse a mirar hacia la libertad, a soñar lo que tanto deseaba y que no se había atrevido a tan siquiera pensarlo por temor a los guardianes de su encierro, aquella noche fue muy placentera, porque sabía que su amigo silencioso podría escuchar nuevas historias que le llenarían de alegría.

Al despertar por la mañana, más temprano de lo que acostumbraba se dio cuenta de que la sensación de felicidad disfrutada durante su sueño, solo era eso, un sueño nada más; cuando llegó a la cocina pensó que su madre la trataría con mucha alegría, pero en su rostro se dibujaba una preocupación, aunque trataba de disimularlo, ante la mirada serena de Luqui no pudo hacerlo, gracias a sus largas horas de silencio ella había desarrollado una capacidad extraordinaria como observadora y lo comprobó durante el desayuno…

— Hija, ayer llegó el camión de la harina a la panadería

— Si mamá, eso ya lo sé, los lunes es día de surtir para hacer el pan de toda la semana (Contestó mientras fijaba su mirada discretamente sobre el rostro de su madre)

— Lo sé hija, pero es que… (En tono afligido) Es que las ventas de la panadería han aumentado y ahora tendremos que trabajar un poco más para salir con lo requerido de la demanda.

— Pero mamá, ¿cuál es el motivo de tu preocupación?

— Es que, mira hija, ayer Don Roque nos reunió a los cinco empleados y nos dijo que mientras conseguía otro trabajador tendríamos que entrar más temprano a partir de mañana.

— Pero mamá, eso no es problema, yo estoy acostumbrada a estar sola, a mi papá casi nunca lo veo, siempre se va antes de que amanezca y pues si tienes que cumplir más tiempo en la panadería está bien, yo lo entiendo

— No hija, ¡No lo entiendes!(Con el tono más angustiado) Don Roque me preguntó que si tú quisieras él podría emplearte, estarías empacando los pedidos que tiene de diario y te encargarías del acomodo del pan en las vitrinas para que los clientes siempre sientan lo agradable del negocio, a Don Roque le encanta que todo esté en orden

— Pero mamá…

— No hija, espera, eso no es todo, Don Roque quedó en venir a platicar contigo mañana, cuando ya salga de mi turno.

— Pero mamá, tú sabes que…

— Lo sé, hija, lo sé, pero miré tanto entusiasmo en él que no le pude decir que no, además el conoce de tu situación y dijo que lo tomaras como una opción

— Mamá, ¿por qué aceptaste? Tú sabes lo que me pasa, además, si algún día logro salir de aquí a mí me gustaría acompañar a mis sobrinitos a la escuela, el próximo año ya van a entrar y mi hermana y mi cuñada están de acuerdo en que yo los acompañe, a ellas si les quiero ayudar.

— Entiendo lo que me dices, pero Don Roque es mi jefe, sabes bien que a tu padre no le ha ido muy bien en las últimas cosechas, tan siquiera deja que venga, escúchalo hija y si le dices que no yo lo entiendo, comprende que es mi patrón y que su intención es simplemente la de ayudar, por favor hija, recíbelo

— Está bien mamá, pero la respuesta que le voy a dar ya la sabes

— ¡Gracias Luqui! ¡Muchas gracias! Sabes bien que yo quiero lo mejor para ti, te pido que me entiendas, yo puedo trabajar más, me gusta lo que hago y no quiero forzarte a nada, te quiero hija, nunca olvides eso

— Yo también te quiero mamá, la verdad no sé qué haría sin tu apoyo

Continuo aquella plática entre madre e hija como las dos grandes amigas que siempre habían sido, a sus 19 años Luqui se sentía protegida por el amor de sus padres, ella confiaba en ellos, sus dos hermanos la querían y aunque ya estaban casados y vivían en el mismo pueblo, cuando la visitaban ella se sentía muy dichosa. Terminado el desayuno se despidieron con un beso y un abrazo, Luqui se ocupó de que la cocina quedara limpia y luego se dirigió a conversar con compañero del alma, con el amigo que le guardaba todas sus ilusiones y sus horas de llanto, con su querido árbol de algodón.

Aquella mañana el eterno compañero de Luqui escuchó sobre el sueño maravilloso donde ella disfrutó de la compañía de todas sus amigas de escuela, de cómo escuchaba ávida todos los pormenores de lo que pasaba en el pueblo, de los noviazgos que la mayoría de ellas tenían y de la relación rota que alguien estaba sufriendo; le platicó también sobre lo hermoso que era sentirse caminando por las calles del pueblo, había caminado solo unas cuantas cuadras, pero lo que ella valoraba no era la distancia recorrida, sino el saberse dando pasos donde nunca antes se había atrevido a soñar. Silenciosamente aquel frondoso algodón la escuchaba, Luqui siguió contando sus ilusiones de aquella noche pero también le comentó sobre lo sucedido durante el desayuno.

— ¿Sabes? Hoy tuve una plática muy fuera de lo normal con mi madre, su patrón quiere que yo trabaje en la panadería y la verdad que si quiero salir de mi casa, pero no para trabajar en el negocio, yo quiero salir y disfrutar de mis amigos, quiero visitar el arroyo, quiero seguir estudiando aunque ya estoy un poco grandecita para continuar mi preparatoria, pero eso es lo que yo quiero hacer, mañana que venga Don

Roque le voy a decir que no, que agradezco sus intenciones, pero que mis metas son otras, que entiendo su interés, que me gustaría seguir superándome, que muchas gracias, pero que no puedo aceptar, que me disculpe, que me comprenda.

El algodón parecía comprender aquellas palabras que ese día reflejaban el deseo de salir de casa, Luqui siempre le contaba de sus tristezas, de lo mal que se sentía de estar prisionera, en esa ocasión había un sueño que se estaba cristalizando en un propósito, ella no lo sabía, pero en su interior, en algún lugar de su mente se había encendido una pequeña luz, apenas brillaba, pero por momentos parecía que su brillo se intensificaba, ¿qué misterios se querían revelar ante el encierro mental que la mantenía aprisionada? Ella seguía compartiendo sus sentimientos:

— ¿Sabes amigo? Prefiero pensar en el arroyo, desconozco la razón, pero es algo que llama poderosamente mi atención últimamente, me trae recuerdos de cuando era niña, de solo acordarme parece que siento lo fresco del agua al meter mis pies en ella, recuerdo esos paseos con mi abuelo mientras los demás pequeños se divertían y los adultos preparaban los alimentos, él siempre me platicaba historias que me tenían siempre a la espera de cómo terminarían aquellos relatos, el abuelo sabía de mi desesperación, pero en todas las ocasiones se tomaba su tiempo para describirme a detalle todo lo que me contaba, parecía que pintaba con su voz tan tranquila, él sabía generar en mi mente cada una de las imágenes que el evocaba con sus palabras; ahora recuerdo que un día me platicó una historia muy corta, muy bonita y que después de terminarla se quedó muy serio, hizo un silencio prolongado, algo muy raro en él; hace tiempo que no recordaba esto, pero bueno, te estoy enfadando con mis palabras, yo entiendo que no necesitas escucharme, yo tengo la seguridad que tú te conectas con mis pensamientos y que sabes todo lo que pasa por mi mente, yo sé que no necesito hablar para que sepas todo lo que siento, por eso te quiero hermano árbol, porque no te veo como alguien ajeno a mí, sino que te siento parte de mi familia, por eso eres mi hermano, por eso te quiero.

Mientras Luqui platicaba con su amigo, el tiempo pasó muy rápido, su madre regresó del trabajo, prepararon la comida, platicaron mucho sobre las nubes que estaban apareciendo muy seguido y del viento que se las llevaba, de que su papá trabajaba mucho en el campo y de otros temas, lo único que no se tocó fue la visita de Don Roque para el día siguiente; la cena transcurrió de igual manera, su padre, aunque cansado siempre estaba pendiente de su pequeña, así la llamaba desde niña y más desde que sus otros dos hijos se habían casado.

— El día de hoy fue muy cansado, tuve que cortar la alfalfa y mañana tengo que visitar a los ganaderos en sus ranchos para ofrecerles pacas, parece que por fin este año va a ser muy bueno.

— ¡Qué bien papá! Ya era hora de que te fuera mejor.

— Hija, tú sabes que Dios nunca se olvida de nosotros, pues gracias al esfuerzo de tu padre y a mi trabajo en la panadería no la pasamos tan mal.

— Si madre, eso lo sé, pero es que me da mucho gusto saber que a papá la tierra le ha respondido por tanto trabajo que ha puesto en ella.

— Dentro de tres días tengo que empezar a empacar la alfalfa, pues la presencia de nubes en los últimos días nos quita un poco del calor que hace en la región, pero si me descuido y cae una llovida fuerte todo mi esfuerzo se verá desmerecido, pues la alfalfa se puede podrir y perder calidad, ya ven que mi tierra está pegada al arroyo y como es terreno bajo toda el agua de la lluvia del valle puede inundar mi parcela.

— No te preocupes padre, por lo pronto parece que son puros nublados

— Es cierto, yo escuché a un ingeniero de esos que andan viendo lo de la reparación de la carretera que se dio la vuelta por la panadería que tal vez para la próxima semana se vengan algunas lluvias fuertes

— ¡Ojala! Prefiero pensar positivo e imaginarme mis pacas en los establos de los ganaderos bajo resguardo, tengo una producción de la mejor calidad en la región y no voy a tener problema para comercializarla, de hecho ya algunos ganaderos me han solicitado una buena cantidad de pacas de tres hilos y ustedes saben que esas son de las pacas grandes

— Por cierto Agustín, Don Roque me ofreció un puesto de trabajo para Luqui debido a que la demanda de pan ha subido mucho.

— Y que dice "Mi pequeña" al respecto (Mirando hacia donde se encontraba sentada Luqui).

— No lo sé papá, bueno más bien si lo sé, pero no quiero trabajar, si quiero salir de aquí, si quiero cruzar la reja de mi casa, pero no para trabajar…

Ambos padres se miraron sorprendidos, en los más de cuatro años que llevaban desde que inició la problemática de Luqui, jamás la habían escuchado expresar tan hermoso deseo, fue algo inesperado, sorprendente y agradable a la vez, fue una mezcla de sensaciones de alegría, orgullo y esperanza, fue un momento en que sintieron algo muy hermoso en su interior, quisieron sonreír, quisieron abrazarla, besarla y expresarle a su pequeña todo lo que sintieron en ese momento. Pero de sus labios nada salió, se sorprendieron, sí, pero el temor de expresarlo y que Luqui volviera a caer en un estado depresivo o de temor los contuvo, siguieron con aquella conversación como algo normal

— Hija lo que tú decidas está bien, yo entiendo la buena disposición de Don Roque, pero existen muchas personas en el pueblo que pueden ocupar ese puesto.

— Es cierto (Expresó la madre, con un rostro iluminado por una idea repentina) ahí está Paty, o Patita como tú le dices hija, ya ves que su papá se lastimó un pie cuando fue en la carreta por leña al monte y ya tiene una semana sin trabajar.

— Además, (Dijo Don Agustín) Paty estudia por la tarde y creo que el horario se le acomodaría muy bien.

— Es que yo si quisiera salir, pero no para eso papá, de verdad mamá que a me gustaría hacer otra actividad.

Nuevamente los padres se volvieron a sorprender, era la segunda vez que escuchaban a su hija expresarse de esa manera, Luqui no se daba cuenta, pero su imaginación se estaba despertando de nuevo, su sueño de ser una joven como todas las demás y practicar las mismas actividades se estaba cristalizando, ella no lo sabía, pero el sueño de sentirse libre fuera de las rejas de su casa siempre había existido, siempre había estado en su mente, pero aquellos fantasmas de rostros sin forma definida se lo habían estado escondiendo; sin saberlo ella se estaba atreviendo a salir de su encierro y el sueño que tuvo aquella noche, la segunda noche en que se atrevió a soñar su libertad lo confirmó, aquel sueño estaba generando un gran deseo reprimido, un anhelo escondido: ¡Atreverse a mirar la libertad!

La cena terminó y después de poner la cocina en orden se dispusieron a retirarse a sus recámaras. Los padres se sentían intranquilos, pero contentos, no se atrevieron a comentar nada, tenían un temor real que no se atrevían a expresar, pero a la vez sentían un regocijo interno, esa noche durmieron con el esbozo de una sonrisa de paz, fue una noche muy relajada, fuera de aquella rutina de retirarse a dormir cansados para recuperar energías y levantarse muy temprano de nuevo… El milagro empezaba a formarse, pero ¿de qué manera?

CAPÍTULO II

EL SUEÑO DE LUQUI

(Un rayito de luz)

La recámara lucía impecable, los muebles estaban tan bien acomodados que parecía que todo estaba dispuesto para que alguien la utilizara por primera vez. En cada buró había una lámpara con una pantalla decorada con flores de orquídeas y un blanco satinado brillante de fondo que las hacía resaltar mucho, el edredón matrimonial rosa niebla combinaba perfectamente con el rodapié plisado en color rosa flor de cerezo, las almohadas al igual que las sábanas mostraban una textura suave y aterciopelada que las hacía más confortables, unas molduras de yeso de un perla mate servían de punto de unión entre paredes y techo, un alhajero de madera perfectamente tallado en color caoba oscuro y cubierto por una tela de panilla roja en su interior regalo de su abuelo, lucía esplendoroso sobre aquel tocador cuyo espejo estaba enmarcado con madera de raíz de nogal claro; algo que llamaba mucho la atención era aquella galería color marfil egipcio y las cortinas de un marfil más claro hasta casi tocar el piso, hacían una combinación muy sutil con el perla mate de las paredes; era una hermosa recámara. La puerta se abrió y Luqui entró sin prisa, los últimos acontecimientos habían sido muy intensos: el intentar cruzar la puerta, el soñarse caminado por el pueblo, la oferta de trabajo al lado de su madre, el expresar por primera vez ante sus padres el deseo de salir de aquella prisión, la buena cosecha que estaba por levantar Don Agustín... Era todo tan abrumador que en cuanto se puso el camisón de dormir cerró los ojos y se quedó profundamente dormida.

Esa noche Luqui soñó, su imaginación pronto la llevó a su infancia, fue tan real que claramente se miró como la niña de seis años que fue; de pronto se encontraba paseando con el abuelo en el arroyo, todos los demás hacían lo habitual: algunos adultos platicaban animadamente, otros preparaban la comida y los niños chapoteaban alegremente bajo la mirada atenta de algún mayor, algún pequeño se emocionaba mirando el aleteo de una mariposa y en cuanto un pájaro empezaba a cantar en lo alto de un árbol dejaba a la mariposa para buscar a aquella ave cantora entre las ramas; ir de paseo al arroyo era lo máximo, siempre se juntaban muchas familias del pueblo, la convivencia era armónica, se compartían los alimentos y se disfrutaba de la convivencia con la naturaleza. El arroyo siempre estaba activo, los árboles que le rodeaban estaban verdes durante todo el año, los había con espinas o sin ellas, altos y frondosos; tenía recodos con remansos muy tranquilos y que apenas cubrían los tobillos de los bañistas, siempre se podían mirar ardillas, conejos y una gran cantidad de pájaros, las veredas formadas por el ganado que bajaba para abrevar estaban muy marcadas y de vez en cuando se podía descubrir algún panal de abejas…

— Abuelo

— Dime hija

— ¿Siempre estarás conmigo para pasear por el arroyo?

— ¡Claro que sí! Tu abuela siempre decía que eras muy inquieta y muestra de ello es que cada vez que venimos quieres andar de exploradora, ya conoces todas las madrigueras de los animales y nunca te cansas de buscar más

— Es que a mí me gusta caminar antes de meterme al arroyo, me llaman mucho la atención los animalitos y soy feliz, muy feliz abuelo de pasear contigo

— Yo también hija, yo también

— ¡Mira un nido de calandria!

— Es cierto, ¿Sabes la razón de hacer los nidos para que cuelguen sus nidos de una rama tan alta?

— No abuelito, platícame.

— Mira, las calandrias hacen sus nidos en la punta de las ramas más altas de los árboles para proteger a sus pequeños hijos de sus depredadores, son nidos colgantes, pareciera que van a desprenderse, pero son muy fuertes

— ¿Qué es un depredador abuelito?

— Un depredador Luqui es un animal que se alimenta de otros animales para poder vivir, el coyote por ejemplo es un animal que pocas veces se deja ver por el hombre, es muy listo y su alimentación consiste en roedores, conejos, ardillas y aves; si las calandrias hicieran sus nidos en árboles bajos ten por seguro que el coyote buscaría la manera de comérselas.

— Entonces podemos decir que la calandria es más lista.

— Bueno, lo que pasa es que los animales tienen que luchar por su supervivencia, todos los días tienen que ingeniárselas para obtener su alimentación, todos son listos, pero a veces se descuidan, como los conejos por ejemplo, imagina que nadie cazara a los conejos, cada vez que nace una camada se pueden contar entre cuatro y doce gazapos y la madre tarda 32 días para tenerlos, a esto se le llama período de gestación.

— Y, ¿qué es un gazapo?

— (El abuelo sonrió) Un gazapo es un conejo recién nacido. Si los conejos no fueran cazados por sus depredadores ten por seguro que habría muchísimos de ellos por estos lugares, es un animal fácil de cazar, pero la naturaleza es muy sabia, por eso nacen tantos por camada.

El abuelo y Luqui eran bien conocidos en aquellos paseos que realizaban, pues mientras los demás disfrutaban solo a orillas del arroyo, en un lugar fijo, ellos caminaban y exploraban los alrededores; muchas familias del pueblo se instalaban en algún lugar sombreado a lo largo de la ruta de aquel arroyo que significaba uno de los pocos atractivos donde se podían reunir muchas personas, incluso también venían de otros pueblos cercanos. Nunca había un trecho de más de cien metros sin gente disfrutando de aquellas aguas que corrían mansamente. Ellos siguieron caminando y de vez en cuando escuchaban sus nombres de campistas que los saludaban.

— ¡Abuelo mira! Una calandria y está cantando.

— Si hija, las calandrias son aves cantoras, imitan el sonido de otras aves.

— Como tú abuelo, tú cantas como muchos artistas, eres un calandrio en persona.

— (El abuelo sonrió nuevamente) Lo que pasa es que siempre he cantado desde que era pequeño, recuerdo las primeras veces que venía por estos lugares, siempre me mandaban a mí a que trajera las vacas a que abrevaran y luego regresar para encerrarlas, mientras hacía todo esto cantaba hija, cantaba mucho.

— Como yo, a mí también gusta mucho cantar.

De pronto el abuelo hizo un alto, se quedó muy quieto volteando hacia arriba, hizo un ademán de silencio a su nieta y señaló hacia la copa de un árbol muy alto, era un chalate enorme, con una fronda muy tupida. La pequeña comprendió la intención del abuelo y ambos empezaron a buscar a la pequeña calandria, la vista estaba enfocada en esas ramas, buscando, escudriñando cada una de ellas, se guiaban por aquel canto tan espectacular, un canto hermoso que salía del pecho de una pequeña ave. Pero, ¿dónde se encontraba? Buscaron durante un buen tiempo, el silencio no era total, se escuchaba muy cerca la algarabía de unos niños que se bañaban, pero en aquel lugar parecía que había dos estatuas fijadas al suelo, aunque buscaban afanosamente volteando hacia algún rincón en lo alto del chalate, ellos no movían su cuerpo, estaban como petrificados, solo enfocaban su vista buscando sin cesar. La calandria parecía retarlos, a cada instante que pasaba parecía intensificar su canto. La respiración crecía por momentos y la emoción se manifestaba en ambos, no había palabras, pero un reto silencioso, un juego en donde cada quien quería ganar estaba llevándose a cabo en esos momentos; el premio de ganar sería tener la dicha de expresar en donde estaba aquella ave tan difícil de encontrar, parecía que ella también quería participar y su papel era el de no dejarse ver, tenía que haber un ganador, era cuestión de tiempo, un tiempo que parecía detenido, los juegos y gritos de los niños que estaban cerca de ellos habían desaparecido, estaban concentrados, solo existía un canto, una entonación que significaba el reto a vencer, ¿de dónde venía? O más bien ¿quién lo emitía? ¿Dónde se encontraba? Los dos aceptaron el reto, un desafío que estaba ganando el tercero en discordia, la pequeña calandria dejaba de cantar por momentos y hacía que sus buscadores contuvieran la respiración, parecían dos expertos cazadores acechando a la presa; de pronto la pequeña cantora cometió un error, un pequeño brinco para cambiar de rama la puso al descubierto por un instante, tiempo suficiente para que se escuchara casi al unísono:

— ¡Allá está abuelo! ¡Allá está! ¡Mírala! Es hermosa.

— ¡Allá! ¡Allá se movió! ¡Esa es!

Los dos señalaban a quien los tuviera en suspenso durante aquellos minutos interminables.

— ¡Que amarillo tan bonito abuelo!

— Así es Luqui, es una linda calandria.

— Sabes abuelo, como que me está dando hambre.

— A mí también y como yo fui el que encontró primero a la...

— No abuelito (Interrumpiendo animadamente) yo la vi primero, yo grité antes que tú.

— Es que tú eres más rápida, que te parece si declaramos un empate.

— Me parece bien, muy bien, los dos ganamos.

Caminando alegremente los dos regresaron muy animados al campamento, mientras llegaban la conversación giró en torno a quien comería más y quien encontraría la piedra más redonda en el arroyo, esto era algo que ambos disfrutaban; cuando el abuelo se cansaba se recostaba sobre una frazada azul con un hermoso pavorreal estampado y dormía una larga siesta, tiempo en que Luqui jugaba con sus dos hermanos mayores Quique y Lucía, le encantaba divertirse con ellos y también disfrutaba mucho la compañía de otros amiguitos que también los acompañaban en aquellos paseos tan familiares. En esos momentos vino a su mente el origen de su nombre, para mucha gente del pueblo era un nombre extraño, fácil de pronunciar, difícil de olvidar y muy apropiado para una persona tan especial como ella… De pronto el canto de un grillo interrumpió el sueño de Luqui, estaba por amanecer y sus padres ya estaban despiertos, ambos salían muy temprano al trabajo y si quería verlos, tenía que levantarse, lo hacía con gusto, le motivaba ayudar a su madre a preparar la comida que su padre llevaría consigo; se cambió rápidamente, tendió su cama y antes de salir pasó su vista por el tocador, acarició con la mirada el pequeño alhajero, sonrió y salió con rumbo a la cocina.

— ¡Buenos días hija! ¿Cómo amaneciste?

— Muy bien mamá, ¿y mi papá?

— Se acaba de ir, dijo que tenía que caminar mucho porque algunos de los ganaderos a los que les va a ofrecer la alfalfa empacada viven al otro lado del arroyo , son los primeros que va a visitar y a los del pueblo los verá por la tarde

— ¡Lástima! Me quería despedir de él

— No te preocupes hija, te dejó un beso y me pidió que te comentara que te quiere mucho

— Eso me alegra, y ¿qué vamos a desayunar nosotras?

— Pues mira, tu papá amaneció muy contento y me pidió que le preparara unos frijolitos chinitos con queso de rancho y unas quesadillas de maíz con unas rebanadas de tomate y aguacate

— ¡Qué buen desayuno! Que te parece que yo prepare un cafecito con leche madre

— ¡Muy bien hija! Es una gran idea

— Oye mamá, ¿por qué le llamas chinitos a los frijoles y mi abuelo decía que la abuela preparaba unos frijoles refritos deliciosos?

— Es lo mismo hija, es una manera diferente de nombrar a los frijoles que se guisan con mucha manteca y es cierto, de hecho yo aprendí eso de tu abuela, ella me enseñó el gran secreto de unos frijoles chinitos deliciosos

— ¿Y cuál es ese gran secreto madre?

— Pon mucha atención, cuando estés guisando el frijol y empiece a freírse le bajas al fuego, así se penetra más el sabor de la manteca de puerco, aunque si los haces con manteca vegetal quedan igual de ricos, y más si los acompañas con un buen baño de queso de rancho molido, muchas señoras no le bajan al fuego y si quedan buenos, pero los que yo hago son muy buenos y todo gracias a la abuela

— Entonces ya es hora de que me ayudes a poner en práctica ese estilo de preparar los mejores frijoles chinitos del pueblo

— Claro que sí hija, ten la seguridad de que a la próxima tú serás la que tenga la cuchara en la mano y yo solo te guiaré

— ¡Gracias mamá!

El desayuno fue muy ameno, sonrieron de solo pensar en cómo quedaría ese guiso de frijoles chinitos receta de la abuela, sintieron que el tiempo transcurrió de manera muy acelerada y el café de aquella madre feliz quedó a medias, era hora de enfilarse rumbo a la panadería y Luqui se quedó a cargo de limpiar para que todo quedara en orden. Una vez terminado salió y se encaminó hacia su gran compañero: el árbol de algodón, parecía que las mañanas medio nubladas de esa época lo hacían verse mucho más majestuoso, sus hojas de un verde intenso daban una sombra tan tupida, tan perfecta que no permitían la más mínima filtración de un rayo de luz, tal vez por esa razón aquel par de viejas mecedoras se conservaban en tan buen estado, el blanco ya no era tan brillante pero no lucían ninguna señal de oxidación, Don Agustín siempre decía que estaban forjadas con el mejor fierro de la región; Luqui saludó a su compañero de tantas horas y empezó a platicar con él:

— Anoche tuve un hermoso sueño, en él recordé una de tantas caminatas con el abuelo, siempre lo recuerdo con agrado, en ocasiones creo que él está aquí conmigo, en esa mecedora, acompañándome, ¿sabes amigo? Siento algo muy extraño, pareciera que sigo en el sueño, es una sensación de libertad que no puedo explicar, aunque no puedo salir, tú eres testigo de mi deseo de cruzar la puerta de la reja, un deseo que nunca había tenido, luego mi madre ayer me comentó sobre el ofrecimiento de Don Roque, ¿qué me estará pasando? Por cierto lo que soñé anoche me recordó un juego entre el abuelo y yo después de esas caminatas que tanto me gustaban y que hoy anhelo intensamente. Te voy a contar lo que sucedió en esa ocasión tan especial, pero quiero que sigas mi pensamiento, como lo haces siempre cuando cierro los ojos y me conecto contigo.

Dicho esto Luqui cerró sus ojos, se recargó sobre aquella mecedora y empezó a describir aquella escena que vino a su mente; se encontraban sentados a la orilla del arroyo, el agua llegaba hasta sus rodillas y su frescura agradaba a todos los bañistas que había a su alrededor, el calor no era sofocante como en otras ocasiones a pesar de lo intenso del sol, la vegetación de ese lugar donde acamparon tenía muchos árboles frondosos, entre chalates, guamúchiles y breas resaltaban los mezquites, eran tan grandes que de sus brazos alguien había instalado dos columpios que siempre tenían a algún pequeño esperando turno; el viento que llegaba por tandas no era intenso y aunque estaba caliente no era suficiente para molestar bajo aquellas frondas que se mezclaban y que hacían muy difícil identificar al árbol que proyectaba a cada una de ellas…

— Abuelo, que te parece si ahora el ganador sea el que encuentre la piedra más redonda y grande

— Muy bien, pero que el tiempo de la competencia sea hasta que nos llamen para comer

— De acuerdo, a mí ya me quiere dar hambre, pero te voy a ganar, la última vez tú fuiste el vencedor, así que agárrate , te voy a ganar y lo haré rápido

— No lo creo, mira esta, creo que es una buena piedra para ser el ganador una vez más

El abuelo mostró una hermosa piedra de un color oscuro, el tamaño y la forma semejaban la figura de un huevo ovalado, cuando la encontró una sonrisa se dibujó en su rostro, las competencias entre ellos siempre eran limpias, el ganador no importaba, siempre tenían ocasiones para el desempate; esta escena era común, quienes los miraban esbozaban una sonrisa y hacían comentarios entre ellos, les daba gusto ver a aquel anciano jugando como niño y a la pequeña divirtiéndose como si jugara con alguien de su edad, para ser feliz no importa la actividad, trabajo o juego que estés realizando, lo importante es vivirlo de manera intensa y aquella pareja entre niña y anciano lo ilustraba a la perfección, eran tan genuinos sus juegos que contagiaban a los demás adultos y de vez en cuando algún pequeño les llevaba alguna piedra que les pudiera servir para ganar la competencia.

— Hay abuelo, espera que todavía no nos llaman para comer

— De acuerdo, pero creo que ya gané

— Espera, acuérdate que soy muy buena para esto

— Mira creo que encontré una mejor, es más redonda pero un poco más pequeña, la voy a poner aquí junto con la otra

— Tienes suerte, mira esta que acabo de sacar, tiene buen tamaño, pero no es tan redonda como la tuya, así que la voy a regresar al fondo

— Así me gusta hija, que reconozcas que voy a volver a ser el campeón de las piedras redondas

— No abuelo, el campeón de las piedras redondas y grandes, acuérdate que ahora también cuenta el tamaño

— ¡Es cierto! Seré campeón en dos categorías

De pronto un grito mezclado con llanto interrumpió aquella charla tan amena, un niño que se bañaba diez metros arriba de donde se encontraban estaba paralizado de terror, no se movía, solo gritaba y lloraba; otros niños que estaban a su lado dieron a conocer el motivo que atrajo la atención de todos: una culebra de poco más de un metro estaba casi tocando al pequeño asustado, era de color grisáceo y sacaba la lengua sin cesar, no se movía pues estaba enrollada a una raíz de mezquite que estaba justo a la orilla; los adultos corrieron al auxilio pero el primero en llegar fue el abuelo, tomó a la culebra por la parte superior de la cabeza, la jaló y la arrojó por entre los arbustos al lado contrario de donde estaban acampados, luego tomó al asustado niño entre sus brazos y lo entregó a su mamá que llegaba en esos momentos, todos se alegraron y volvieron a sus actividades; los niños mayores sabían que esas culebras no hacían daño, si llegaban a morder no eran venenosas y esto era muy raro a menos que las provocaras queriéndolas golpear.

— Oye abuelo, ¿no te dio miedo agarrar la culebra?

— Claro que no hija, esas culebras son de agua, ellas viven aquí y nosotros venimos a invadir su territorio

— Qué bueno que yo nunca me he topado con una, pues siento que me iba a poner como ese niño, soy muy miedosa

— Mira Luqui existen miedos que solo viven en nuestra mente, mientras no te atrevas a sacarlos de tu cabeza te estarán haciendo daño todo el tiempo

— Quiere decir que el miedo del niño a la culebra es uno de esos miedos

— No hija, el miedo que sintió este pequeño es un miedo real, él no sabe las características de estas culebras, él no sabe que son pacíficas, que no hacen daño, lo que sintió fue algo que se generó ante una situación que tenía enfrente

— Creo que estoy un poco confundida con eso de los miedos

— Pon atención mi pequeña Luqui, estar frente a la víbora es algo real que te provoca miedo, como a este niño que gritó fuertemente; si pasado el tiempo, tres meses por ejemplo, escucha que alguien menciona que se le apareció una culebra en el arroyo y que le sacó la vuelta le provoca una sensación de miedo y se pone tan nervioso que tienen que calmarlo, entonces ese es un miedo imaginario, es un miedo que se provocó gracias a un suceso real, pero la culebra ya no está presente, solo existe el recuerdo, ese es un miedo que existe solo en la cabeza

— Ya te estoy entendiendo abuelo

— Pero existen personas que le tienen miedo a situaciones imaginarias, hay muchos niños de tu edad que le temen a la oscuridad y no pueden dormir en cuartos oscuros, empiezan a llorar, les prenden la luz y no hay nada, esos son miedos imaginarios; si no superan sus temores cuando sean adultas serán de esas personas que no pueden salir solas de noche porque les da miedo

— Yo no le tengo miedo a lo oscuro abuelito, me gusta dormir sola y con la luz apagada y ahora ya no le tendré miedo a las culebras de agua

— Muy bien, veo que has comprendido eso de los miedos, por cierto, quiero que escuches muy bien esto: en ocasiones las situaciones que vivimos o las cosas que nos pasan son tan fuertes que nos hacen temblar de miedo, tener miedo está bien, pero si después del susto no lo puedes superar siempre habrá alguien dispuesto a ayudarte

— ¿Y tú me ayudarás a superar mis miedos?

— ¡Claro que sí! Pero recuerda: Siempre Existirá Alguien Dispuesto A Ayudarte Si Tú No Puedes Superar Tus Miedos

— Muy bien abuelo, pero mira está piedra, es más grande que

la que sacaste al principio y más redonda también

— No se vale, me estuviste sacando plática para que yo no buscara, no se vale

— Te dije que te iba a ganar y con esta piedra seré la campeona de la piedra más grande y redonda

— Pero todavía falta, no nos han llamado a comer

— Te equivocas abuelo, mira (Señalando hacia espaldas del anciano) se acerca mi madre, ni modo perdiste y yo soy la campeona

— Está bien, acepto que perdí, pero a la próxima yo seré el campeón

— A comer, ya es hora, todo está delicioso, tu papá hizo unos pescados fritos y la salsa me quedó riquísima (Dijo la madre de Luqui señalando el asador donde humeaba la cacerola donde se freían aquellas lizas que gustaban a todos)

La comida transcurrió sin más contratiempos, efectivamente aquella salsa a base de tomates picados con cebolla morada, chiles serranos, sal y limón estaba deliciosa, aquellas lizas fritas lucían un color dorado, las tortillas pasadas por el aceite caliente con una textura medio tostada hacían las delicias de los comensales, un agua de limón con cubitos de hielo sacados de una hielera acompañaban aquel banquete; todos comieron a placer, platicaron sobre el incidente de lo ocurrido hacía aproximadamente una hora y de la nueva visita a ese paseo encantador; terminaron y algunos adultos siguieron platicando, otros recogían y limpiaban el lugar donde habían comido, algunos niños hacían fila para el columpio y el abuelo, como costumbre sabida por todos, se recostó en una buena sombra sobre aquella frazada azul con el pavorreal estampado. Luqui se sentó junto al abuelo y sin saber la razón, aquellas palabras que antes le había dicho resonaban en su mente: Siempre Existirá Alguien Dispuesto A Ayudarte Si Tú No Puedes Superar Tus Miedos. ¿A qué se debía esta situación?

Sin una razón aparente Luqui cortó sus pensamientos, siguió con sus ojos cerrados y una sonrisa quería nacer en su rostro, era solo un esbozo, pero recordar al abuelo la ponía feliz, el rostro de la joven era contradictorio, pues si bien es cierto la mueca de felicidad dibujada en sus labios, también era cierto que algunas lágrimas empezaban a surcar sus mejillas. ¿Qué pasaba por la mente de Luqui? ¿Qué sentimientos estaba develando a su eterno compañero? Permaneció así durante un largo tiempo, no quería abrir los ojos, lo que tenía que comunicar a su silencioso amigo ya estaba dicho, poco a poco se fue relajando y entró en un estado de somnolencia agradable en donde aparecía nuevamente aquella frase de su abuelo dicha en su infancia: "Siempre Existirá Alguien Dispuesto A Ayudarte Si Tú No Puedes Superar Tus Miedos".

CAPÍTULO III
EL PRIMER PASO
(La importancia de una decisión)

— Luqui, despierta hija, ya llegamos

Luqui abrió los ojos y visualizó en la puerta de entrada al patio de la casa a su madre y a Don Roque que la saludaba afectuosamente agitando su brazo derecho; la boina de café claro era característica en él, a la parte donde fuera la gorrita le distinguía y esa sonrisa que siempre le acompañaba, aquel panadero venido de muy lejos había llegado para quedarse, se ganó el cariño de la gente, en su negocio se respiraba un ambiente de alegría y el pan de dulce que preparaba era de lo mejor, gente de otros pueblos cercanos estaba obligada a pasar por aquel negocio en donde las conchas, los cortadillos y las empanadas de calabaza eran las piezas preferidas por los niños; los adultos gustaban de acompañar su café con los clásicos cochitos, los bísquet, los cuernitos rellenos o las hojaldras; aquel hombre había forjado su presencia a base de esfuerzo y dedicación, todos lo saludaban con gusto y ahora estaba en la casa de Luqui, saludándola, sonriéndole; hacía más de tres años que no lo miraba, desde aquella ocasión en que fue a visitar a su madre que había caído enferma a causa de un problema respiratorio, estaba un poco más regordete, pero se veía bien a pesar de sus casi sesenta años.

Luqui se levantó lentamente como tratando de obtener tiempo para salir de aquel estado tan profundo en que se encontraba, la mecedora se quedó en un vaivén que cada vez se hacía más lento y correspondió al saludo, avanzó hacia ellos, abrazó a su madre le dio un beso y luego saludó a Don Roque con un abrazo y un fuerte apretón de manos. Nuevamente y sin darse cuenta Luqui se acercó a la puerta que tantos temores y lágrimas le había arrancado; sin que ella se diera cuenta solo unos tres metros la separaban de su frontera infranqueable, tres metros que en otras ocasiones le hubieran generado un ataque de angustia y un temblor incontenible, pasó desapercibido para ella, pero no para su madre, que en esta ocasión, tampoco dijo nada, una mueca de sorpresa se dibujó en su rostro que nadie notó y así como apareció de manera improvisada así desapareció, fue solo un instante, un pequeño lapso de tiempo, pero suficiente para que se quedara grabado en la extrañada mente de su madre. Entre comentarios alegres y risas pasaron a la pequeña sala de la casa, pareciera que Don Roque había estado el día anterior, entró bromeando y tomó asiento; la sala era modesta, un sillón individual se encontraba en una de las esquinas y otro doble que estaba de frente a la ventana, aunque se notaba que ya estaban un poco viejos, lo mullido de los asientos no se vencía, era cómodo sentarse en ellos, las coderas mostraban que sus mejores épocas habían pasado, la mesa de centro era de madera con una cubierta de vidrio, en ella resaltaba un florero con unas rosas artificiales de un rojo intenso que las hacía parecer muy reales, el ventanal era grande y las cortinas de un color verde pistache permitían una entrada de luz que iluminaba majestuosamente haciendo que aquella pieza de la casa luciera más grande de lo que en realidad era, al mirar a través de esa ventana se percibía una sensación de tranquilidad, los geranios lucían hermosos con sus flores de color rojo muy llamativas, una bugambilia con flores casi violeta enmarcaba aquella ventana por fuera y las matas de rosal lucían diferentes tonalidades, en medio del jardín resaltaba un rosal pequeño, como de medio metro de altura que mostraba orgulloso cerca de media docena de grandes rosas en color sangre de toro y más de una docena de botones que pronto darían forma a nuevas flores.

— Me da mucho gusto saludarte de nuevo muchacha

— Lo mismo digo Don Roque, me siento honrada de que visite esta su casa

— Gracias muy amable de tu parte

— Bueno, que les parece si mientras ustedes platican yo preparo la comida

— Te ayudo mamá

— No hija, atiende a nuestro invitado, además ya tengo todo listo, con el queso molido que hay voy a preparar unas sabrosas enchiladas (Dicho esto salió de la sala y se encaminó a la cocina, que también servía de comedor)

— Está bien mamá, pero yo recojo y lavo la loza

— Claro hija, como gustes (Y dejó solos a su patrón e hija)

— Mira Luqui, (Dijo Don Roque sin perder su sonrisa) tú sabes que mi negocio siempre está muy solicitado por mis clientes, la demanda es muy buena en todas las temporadas y esto me obliga a elevar mi productividad, el pan que hacemos ya no es suficiente, las entregas en otros pueblos han aumentado y quiero contratar a una persona más para que me ayude, creo que tu mamá ya te comentó algo al respecto

— Si Don Roque, mi madre ya me puso al tanto de sus necesidades

— ¿Y qué has pensado al respecto?

— Bueno Don Roque, la verdad es que no creo poder ayudarlo así como usted me pide, bien es sabido por todos que yo no puedo salir de mi casa, es algo que no está en mí

— Estoy enterado hija, lo sé (Cambiando a una actitud más seria, algo inusual para él)

— Gracias Don Roque, es una gran persona

— De nada hija, lo que pasa es que yo pensé en ti por lo organizada que eres, Doña Amada me lo ha comentado en varias ocasiones y consideré importante tomarte en cuenta

— Mi madre siempre dice eso, pero hago simplemente lo que se tiene que hacer, me gusta el orden y no esperar para hacer las cosas

— ¡Te lo dije! Tiene razón tu madre, no me equivoqué en mi concepto sobre ti, pero creo que tengo un gran problema, me urge esa persona y ya tengo el tiempo encima, los trabajadores están en turnos con horas extras y no me gusta forzarlos, ya ves a Doña Amada, se va una hora antes y te quedas sola

— Ya estoy acostumbrada, no se preocupe, yo entiendo su situación y mi madre lo hace con gusto

— ¡Eso sí! Es muy trabajadora

— Por cierto Don Roque, le tengo una propuesta

— ¡Una propuesta! ¡Qué interesante! A ver, dime de que se trata (El rostro de aquel hombre se volvió a iluminar con su acostumbrada alegría)

— Lo que pasa es que Don Miguel, el papá de mi amiga Patita la semana pasada fue al monte por leña, usted lo conoce muy bien porque a veces le lleva cargas de leña para su horno, como le decía, en ese viaje él se lastimó un pie y ya tiene una semana y un día sin trabajar, Don Miguel es el único sostén de esa familia y pues no hay ingresos desde ese tiempo a la fecha…

— Bueno pero Don Miguel no puede ayudarme en el puesto que yo te ofrezco (Interrumpiendo con una sonrisa amable)

— Precisamente por eso, es que yo le pido que hable con Patita, creo que ella le puede ayudar, además es muy inteligente y aprenderá pronto, además estudia por la tarde y creo que su horario se ajusta muy bien a lo que se necesita en su negocio

— Es una gran idea muchacha, creo que fue una gran idea venir a tu casa. Le voy a pedir a Doña Amada que platique con ella en la tarde, pues tengo muchas cosas que hacer el día de hoy

— Gracias Don Roque, es una persona de gran corazón

— Bueno, creo que se están entendiendo muy bien, he estado muy atenta a su conversación desde la cocina, la comida ya está lista, así que pasemos a la mesa.

La sonrisa de satisfacción se dibujaba en el rostro de aquella madre satisfecha por la manera en que su hija había manejado la situación; por un lado le mortificaba la urgencia de un nuevo empleado en la panadería y a la vez la reacción que tendría Don Roque cuando Luqui se negara a aceptar el empleo. Todas sus angustias se habían resuelto de manera muy satisfactoria y se llenaba de orgullo por tener una hija así, pues a pesar de vivir encerrada no perdía el ánimo al convivir con las personas que visitaban su casa. Ya instalados en el comedor se dispusieron a comer aquellas enchiladas bañadas en una salsa roja de tomate, cubiertas de lechuga picada, cebolla morada curtida y acompañadas por unos frijolitos bien guisados, unas rodajas de tomate y rebanadas de aguacate, todo ello espolvoreado con una capa de queso de rancho molido; un agua de horchata hizo las delicias de aquellas personas que se sentían felices a pesar de los retos que la vida les ponía.

— ¡Esto se ve delicioso!

— ¡Pruébelo! Le van a gustar Don Roque (Dijo entusiasmada Luqui)

— ¡Mmmm! ¡Riquísimas! (Expresó aquel invitado ante la complacencia de las anfitrionas)

— Coma a gusto, hay más (Dijo Doña Amada)

— Mamá, yo también voy a querer otra ya que termine, están muy buenas

— Claro hija, las que me pidas

Terminaron de comer entre bromas y risas, fue una comida contagiada de ese entusiasmo característico en su invitado

— Tiene una hija muy inteligente Doña Amada, tiene el don de la conversación, es una delicia poder platicar con ella

— Gracias Don Roque, sus palabras me hacen muy feliz y se las agradezco de corazón

— Por cierto Luqui, ¿te gustaría poder salir de tu casa? Es decir, ser como todas las jóvenes del pueblo, que salen a la plaza, se van a los paseos o asisten a las fiestas donde conviven entre ellos, ¿te gustaría?

Ante aquella pregunta tan inesperada que se sumaba a los últimos acontecimientos que se habían generado en torno a ella; Luqui pensó que el derecho a la libertad y disfrutar de ella se hacía presente de nueva cuenta, ¿qué estaba pasando? ¿Cuál sería la razón de estas situaciones? ¿Acaso las estaba atrayendo con sus pensamientos? Todo esto vino a su mente en un instante y dibujando una sonrisa mezclada con cierto asombro contestó:

— ¡Claro que sí Don Roque! Pero bien es sabido por todos que yo no puedo salir de mi casa

— Tienes razón en decir que todos conocemos tu situación, pero si me atrevo a preguntarte es porque tengo un conocido que mucha gente dice que la ha curado

— Pero yo no estoy enferma, me siento muy bien

— Creo que no me entendiste, lo que pasa es que muchas personas padecen situaciones parecidas a la tuya, existen por ejemplo, adultos con un miedo terrible a lugares encerrados, después de visitar a esta persona ellos han salido sin ese miedo que antes sentían

— En eso tiene razón, el obstáculo más grande que tengo para cruzar esa puerta es un gran miedo, es algo que no puedo explicar y lo más triste es que quiero hacerlo pero no puedo, lo intenté tantas veces al principio, hace ya casi cinco años que desistí, de hecho hasta el día de ayer me atreví a intentarlo de nuevo pero no pude, ¡No pude Don Roque!

Doña Amada no podía creer lo que escuchaba, Luqui lo había intentado por primera vez sola, jamás había escuchado expresión parecida en labios de su hija, estaba asombrada y un pequeño temor se apoderó de ella ¿qué le sucedía a Luqui? ¿Qué estaba pasando? Ella prosiguió hablando:

— De verdad que antes ni siquiera pasaba esto por mi mente, pero existe algo dentro de mí que se está revelando a vivir encerrada, no puedo explicarlo pero siento que así es

— Mira, no te prometo nada en cuanto a que vaya a pasar, pero dentro de un mes voy a visitar a unos parientes lejanos y esa persona de la que te hablo vive por esos rumbos, es cuestión de que te atrevas y me digas que sí, en cuanto apruebes esta sugerencia mía, yo me pongo en contacto para que te programe una visita

— ¿Vendría esa persona hasta mi casa Don Roque?

— Claro que sí, yo la conozco pero mis primos están emparentados con ella y es cuestión de que ellos se lo pidan

— ¿Y costará mucho esa visita Don Roque? (Preguntó Doña Amada)

— Por el dinero no se preocupe, usted siempre ha trabajado horas extras cuando se ha requerido en el negocio, permítame abonar un poco a ese esfuerzo de tantos años de trabajar conmigo

— ¡Gracias! De verdad que se lo agradezco mucho

— No es nada, pero recuerde que lo importante es lo que decida Luqui, si ella dice que sí, entonces lo demás corre de mi cuenta, ¿qué me respondes Luqui?

— Bueno, considerando su interés por ayudarme creo que no puedo negarme pero, ¿qué piensas tu madre?

— Sabes bien que tu padre y yo hemos respetado siempre tus decisiones, de hecho siempre hemos conservado la esperanza de una oportunidad así

— Entonces Don Roque, acepto con gusto su propuesta y muchas gracias

— Muy bien, entonces como te dije, tengo esa salida y en un mes y medio te tengo una respuesta

— Don Roque, no importa lo que pase, de antemano yo le agradezco su gentileza

Transcurrió la plática aquella por espacio de media hora más, luego Don Roque se despidió muy contento y agradeció varias veces aquella comida tan deliciosa que habían compartido con él. La tarde se fue muy rápida arreglando el jardín que ya empezaba a mostrar la salida de maleza, ambas se entretenían mucho cultivando con orgullo aquel espacio distintivo entre las casas vecinas. Por la noche la familia reunida comentaba sobre aquel inesperado ofrecimiento, Don Agustín se mostró muy complacido ante la decisión de su hija y a la vez compartió que su cosecha estaba vendida en su totalidad, todos festejaron… El tiempo no detiene su marcha, pasaron dos semanas y Luqui miraba de vez en cuando hacia la puerta que se había convertido en su mayor reto, sabía el miedo que le provocaba pero ahora se atrevía a sostener su mirada retadora, desconocía lo que pasaría en un futuro cercano, no tenía esa certeza, más algo crecía en su interior, la llamita del deseo de libertad se hacía cada vez más intensa, ¿quién sería esta persona capaz de ayudarla a enfrentar sus miedos? ¿Podría por fin desterrar a los fantasmas sin rostro definido? Y si no lo lograba ¿Existirían nuevas esperanzas para ella? ¡Cuántas dudas! ¡Cuánta incertidumbre! ¿Qué esperaba a Luqui?

CAPÍTULO IV

UNA VISITA INESPERADA: PATITA

(La ilusión renace)

— ¡Hola Luqui! ¿Cómo estás?

Los ojos de Luqui se abrieron como sin dar crédito a lo que veía, Paty se encaminaba hacia ella, lucía radiante, era una joven de su misma edad, amigas desde los primeros años de escuela y vecinas de siempre; ambas despertaban comentarios en la secundaria, el cabello largo que las caracterizaba era su orgullo, el de Paty tenía un color negro intenso que hacía un buen juego con su altura destacada, su piel era de un moreno claro y tenía unos ojos muy grandes, cuando sonreía se dibujaban unos hoyuelos en sus mejillas lo que la hacía verse más hermosa, además el carácter tan optimista que mostraba en toda ocasión la hacía destacar entre todas las jóvenes de la escuela; a decir verdad, Luqui solo en una ocasión la miró desconcertada, triste y sin saber cómo reaccionar. Por otro lado, Luqui era una joven con porte distinguido, aunque no era tan alta como su amiga, ella mostraba orgullosa su cabellera en cascada de un color café castaño claro, casi tirándole al rubio, siempre lo traía suelto y el brillo que proyectaba era muy llamativo, sus ojos pequeños y aceitunados encajaban perfectamente en aquel rostro de tez blanca, su sonrisa siempre estaba acompañada de una alegría contagiosa. Luqui se levantó de su mecedora y corrió al encuentro de su amiga.

— ¡Patita! ¡Qué alegría verte!

— Y yo más contenta, hace mucho que no me daba el tiempo para acompañarte

— Es cierto, me tienes muy abandonada

— Es que desde que me cambiaron de horario ya no me doy tiempo, bien sabes que mis escapadas para venir a verte eran por las tardes

— Muy cierto amiga, a veces hasta se nos hacía noche

— Lo bueno es que vivo casi enfrente de tu casa

— Oye, pero ¿a qué debo el honor de tu visita?

— Bueno, primero saludarte y platicar un buen rato contigo y en segundo lugar agradecerte amiga, agradecerte mucho

— ¿Agradecerme? ¿Qué? Pero que descortés, ¿quieres pasar a la sala o nos sentamos bajo la sombra del algodón? (Cambiando su tono alegre por uno de mucha solemnidad)

— Aquí está bien, el clima es agradable y la sombra de este algodón es muy buena, no pega la luz y esa silla siempre me ha gustado, como que me arrulla

— Perfecto, vamos pues (Caminaron hacia la sombra del frondoso árbol y se sentaron a platicar muy animadas)

— (Luqui continuó) Pero platícame que has hecho, hace tiempo que estoy abandonada por mi mejor amiga, con eso de que ahora tiene que viajar de lunes a viernes a la ciudad

— Bueno, déjame decirte que ya mero tengo novio (Sonrojándose un poco)

— ¡Eso sí que es novedad! A ver platícame (Entusiasmada)

— Lo que pasa es que en la Universidad hay un muchacho muy guapo que siempre busca la manera de pasar tiempo conmigo y pues a mí no me desagrada la idea

— ¿Es mayor que tú?

— Tiene 20 años, lo que significa que la diferencia es de uno, acuérdate que acabo de cumplir los 19

— ¡Qué emoción! ¡Síguele!

— Pues bueno no hay mucho que decir, apenas nos estamos conociendo, pero creo que vamos a llegar a ser algo más, te confieso que me gusta y que los dos aprovechamos cada momento para estar juntos

— Me da mucho gusto por ti Patita, ya era hora, de todas las que nos juntábamos en la secundaria eres la única que no había tenido novio

— Y tú, ¿dónde te quedas? El burro hablando de orejas, a ver dime, ¿cuántos novios tuviste en la secundaria? (Sonriendo)

— No, pues ninguno, todos eran mis amigos

— Ya ves, no soy la única

— Mejor dime, ¿cómo se llama el galán?

— Se llama Raúl Alberto, pero todos lo conocen por Alberto

— Bonito nombre amiga

— Le he platicado sobre ti, de lo amigas que somos y un día de estos vendrá a conocerte, dice que nunca había escuchado a alguien expresar que quisiera tanto a una amiga

— ¡Qué bien! ¡Tráelo pronto!

— Iba a venir la semana entrante, pero su abuela está un poco enferma y quiere ir a visitarla para pasarse el fin de semana con ella, está muy consentido y ama a esa anciana tan encantadora; la acabo de conocer y es una persona muy agradable

Luqui siguió sonriendo, pero en su interior sintió un pinchazo que le causó dolor, la imagen del abuelo sonriendo apareció de momento, le hizo un ademán a modo de saludo y desapareció casi instantáneamente, continuó la conversación como si tuvieran años sin verse, rieron, se emocionaron e hicieron planes para una próxima visita de Patita.

— Pues ojalá que se alivie pronto, si contigo soy muy feliz, imagínate los tres, dale saludos de mi parte y dile que con mucho gusto será recibido

— Y, ¿quién más te visita amiga?

— Casi nadie, con eso de que todos mis amigos ya terminaron la preparatoria, ahora van a la ciudad a estudiar su carrera o ya están trabajando

— Bueno, pero aquí estoy yo, acuérdate que siempre nos hemos juntado; quiero que pongas atención, te voy a dar dos noticias: la primera es que quiero agradecerte mucho el que me hayas recomendado para el trabajo de la panadería, estoy muy feliz por ello y mi padre ya podrá salir a trabajar la próxima semana, no te imaginas amiga en que momento tan oportuno llegó este ofrecimiento, Don Roque es muy amable y con lo que gano podré costearme la carrera, !Gracias Luqui! Yo sé que todo esto es gracias a tus intenciones de siempre: ayudar a los demás, ¡Gracias amiga! De verdad que necesitábamos hacer algo y el milagro ocurrió gracias a ti.

— No te preocupes Patita, tú sabes que si algo puedo hacer por alguien siempre estaré dispuesta; pero, ¿qué no se supone que deberías estar en la panadería? ¿Y la segunda noticia?

La expresión de Patita se había puesto seria en el comentario anterior, sabía que existían otras personas que podían ocupar su puesto en la panadería, ella deseaba hacer algo, necesitaba hacer algo para ayudar en la economía familiar; la actitud de Don Roque al tomar en cuenta a Luqui fue lo que condujo a que ella tuviera ese trabajo. Su expresión volvió a la jovialidad que siempre la caracterizaba…

— La razón de que esté contigo a estas horas es porque tu mamá y Don Roque me dieron permiso de salir temprano para que pudiera visitarte. Don Roque anda muy entusiasmado con un viaje que realizará pronto y escuchó cuando yo le expresaba a tu mamá mis deseos de agradecerte por lo de la recomendación, entonces me dijo que acomodara todas las charolas, las pinzas y el pan que recién había salido y que una vez que terminara podría venir a estar contigo, que ellos se encargarían del negocio durante el resto de la jornada, y aquí me tienes amiga, disfrutando de tu compañía

— Bueno, pero ¿y la segunda noticia que ibas a darme?

— ¡Agárrate! (Sonriendo aún más, aquellos hoyitos en sus mejillas al sonreír no desaparecían todavía) ¿Te acuerdas de Omar Alejandro? El que estuvo con nosotras en el mismo grupo durante los tres años de secundaria

Luqui hizo una pausa antes de contestar, un leve sonrojo asomó a sus mejillas, Patita pensó que no lo recordaba, pero lo cierto es que de solo mencionarlo vinieron a ella recuerdos empolvados, recuerdos que siempre habían estado en su mente pero era la primera vez que venían a ella, como no recordarlo si aún conservaba una muestra de lo que pudo haber sido su primer noviazgo en aquella época maravillosa de su adolescencia, ¿cómo no volver a vivir ese momento tan tierno de sus quince años? Reponiéndose un poco, volvió a sonreír y contestó…

— Sí, me acuerdo muy bien de él y también de Luis, Fernando, Mercedes, Priscila, Javier, Alonso, Jocelyn y de la tremenda Aracely, ¿recuerdas que traviesa era?

— ¡Hay esa Aracely! Nunca se me olvida cuando me quitó la libreta en la clase de ciencias y se la llevó a la maestra María Lupita para que se la revisara como si fuera de ella, la maestra le puso diez en esa tarea y yo tuve que presentarla en la próxima clase argumentando que se me había olvidado en casa

— Esa maestra María Lupita, como le hicimos travesuras, pero es una de las que más recuerdo con cariño, siempre nos daba muy buenos consejos; sabía hacerse escuchar, cuando lo hacía parecía que estaba viendo lo que nos decía, escuchábamos atentamente cada una de sus palabras, ignoro como lograba captar nuestra atención pero todos sentíamos el mensaje que nos quería dar, lo vivíamos de manera intensa, hasta los más desastrosos se ponían serios, atentos a la historia con que nos iba a salir la maestra

— Bueno, regresando a lo nuestro, hace unos días me encontré con Omar Alejandro en el camión de regreso al pueblo, él trabaja las tierras de su papá y cuida unas cuantas vacas, dice que quiere seguir estudiando pero que la carrera que le gusta no existe en la ciudad, que tendría que irse muy lejos para poder realizarse como profesionista

— ¿Y cuál es esa carrera que no hay aquí cerca? (Mostrando interés)

— Él dice que quiere ser médico veterinario, es algo que le gusta mucho y además los dos que hay en la región no se dan abasto, va a ahorrar todo el año para irse en septiembre

— ¿Y ya no volverá? (El rostro de Luqui mostró cierta tristeza)

— Pues dice que no lo sabe, todo depende de lo que ahorre, si le alcanza vendrá cada tres semanas o cada mes, pero bueno, lo que te quiero decir es que me confió que siempre ha estado enamorado de ti (Tomando de las manos a Luqui y muy emocionada) ¡Está enamorado de ti!

Aquella confesión tomó de sorpresa a Luqui, no supo que responder, podría haber esperado cualquier cosa, menos esa declaración de amor hacia su persona, sintió una alegría diferente a otras que había sentido ante otras situaciones, le dio mucho gusto pero a la vez sintió una angustia de saberse imposibilitada para encontrarse con Omar Alejandro, ¡Tantos años sin verlo! Y ahora que tenía noticias de él confirmaba por segunda vez los sentimientos expresados años atrás. Una serie de sensaciones encontradas recorrió su cuerpo: alegría, angustia, desesperación, tristeza. Pareciera que todo se conjugara para crearle un estado de parálisis mental, no pudo reaccionar momentáneamente, era algo inusual. Patita continuó ante la sorpresa que había recibido su amiga.

— No te preocupes amiga, fue una confesión para guardar en

secreto, él sabe que la identidad de su amor eterno está segura conmigo, pero entre dos amigas que se aprecian no hay secretos; ahora que veo tu expresión estoy dudando en si hice algo malo o estuve acertada, discúlpame si te afecté en algo

— Descuida Patita, lo que pasa es que creo que yo también siento algo por Omar Alejandro, pero lo veía como algo muy lejano, hace tanto tiempo desde la última vez que cruzamos palabras que ya ni me acuerdo sobre que platicamos

— ¡Eso sí que es una sorpresa! (Respirando aliviada) Siento que vuelvo a la vida, de verdad que me asusté ante tu silencio

— Somos amigas y no debemos sentir que nos hacemos daño, el compartir nuestros sentimientos o acontecimientos que pasen no debe afectar nuestra amistad

— Mira, ahora que tocas el punto, parece que Mercedes y Javier están organizando una reunión con todos los que estuvimos juntos en el grupo de la secundaria

— ¿Y para cuándo será ese encuentro tan interesante que me comentas?

— Parece ser que lo quieren hacer ahora en el verano, en agosto y el punto de reunión será en el paseo del arroyo donde están los dos columpios donde nos paseábamos, ¿te acuerdas de ellos?

— Claro que sí (Sonriendo abiertamente), no pensé que todavía existieran

La expresión alegre de Patita se transformó en una mueca de preocupación, las limitaciones de Luqui ensombrecieron su acostumbrada alegría; deseaba tanto que su amiga fuera tan normal como todas las demás jóvenes de su edad, añoraba tanto esas horas de convivencia en los patios de la secundaria del pueblo, en los paseos al arroyo, en las pláticas alrededor de la plaza que una lágrima rodó seguida de otras más hasta convertirse en llanto, abrazó a Luqui y le dijo:

— Cómo deseo que vuelvan nuestros momentos en todos esos espacios que compartíamos antes, como deseo que vayas a esa reunión, si en mi estuviera haría lo que me pidieras para lograrlo pero, ¿qué puedo hacer? ¿Cómo te ayudo? Soy muy feliz cuando te visito, pero a veces sufro cuando te extraño y sé que no puedes acompañarme

— Si supieras amiga ¡Cuántas lágrimas he derramado por esta situación!, No imaginas las horas de angustia que he pasado en compañía de este amigo inseparable, el noble algodón que nunca me reclama, siempre me escucha y no dice nada cuando me quedo callada, respeta mi silencio y hoy quiero llorar, hoy quiero compartir mi tristeza con alguien, hoy quiero gritar lo mucho que sufro y decir a todos que este encierro empieza a asfixiarme... No imaginas amiga cuánto luché contra esos fantasmas que aparecen en cuanto me acercó a la puerta, pero son tan fuertes, tan horrorosos que me obligaron a claudicar y que por alguna extraña razón hoy retomo fuerzas, después de más de cuatro años me siento renovada y con ánimos para luchar, el saber de tus alegrías me contagia; mucho tiempo he estado viviendo alegrías ajenas, alegrías compartidas, pero hoy quiero vivirlas personalmente, quiero caminar fuera de este encierro, quiero sentir la compañía de todos mis amigos, quiero visitar la tumba del abuelo, quiero estudiar, superarme... Tu compañía me hace mucho bien, me siento feliz de que me visites y me siento en confianza para llorar contigo, déjame por favor Patita, déjame llorar, deja que desahogue todo mi sufrimiento y disfruta ese encuentro de generación, diles a todos que los recuerdo uno a uno y que les deseo lo mejor... ¡Gracias amiga!

— No Luqui, gracias a ti

Buen rato estuvieron las dos amigas abrazadas compartiendo un llanto que las unía más, era la primera vez que se daba una situación así, fue una experiencia liberadora, una experiencia que urgía para Luqui, eran muchas emociones reprimidas que se sumaban a los deseos de libertad de los últimos días. Saber que podía confiar en alguien fuera de sus padres la fortalecía. A pesar de todo y después de sentirse más aliviadas se despidieron. Patita cruzó la puerta, se volteó y e hizo un ademán de despedida, un adiós con su mano para luego seguir su camino; apenas le quedaba tiempo para arreglarse e irse a la universidad. De pie, Luqui correspondió al saludo a distancia que su amiga le enviara, bajo la sombra otorgada por el silencioso algodón, testigo de tantas confesiones. Patita desapareció a la distancia y Luqui seguía de pie, el llanto convertido en sollozos la había fortalecido, sus ojos enrojecidos brillaban ahora con una alegría diferente, con una expresión renovada, con una sonrisa que solo el amor puede generar… ¿Qué pasaba por la mente de Luqui?

CAPÍTULO V

UNA SEMILLA MÁS

(La banca abandonada)

A una semana de que Don Roque partiera para visitar a sus familiares, Luqui experimentaba un extraño sentimiento de ansiedad, Patita seguía trabajando y estudiando a la vez, Don Agustín preparaba la tierra para la próxima siembra y Doña Amada atendía entusiasmada su trabajo, se emocionaba porque la partida de Don Roque la colocaba a ella como encargada general del negocio, esto implicaba una gran responsabilidad, sabía hacer el trabajo, pero su estado de ansiedad por la partida de aquel hombre tan bueno albergaba una esperanza más para su hija, eso le generaba una vitalidad extra.

Para Luqui cada día que pasaba significaba un lapso de tiempo que acortaba el plazo para que su amiga de siempre la visitara con su amado Raúl Alberto, tenía la esperanza de que para esa fecha ya fueran novios; pero muy en su interior deseaba tener noticias de Omar Alejandro, ¿cómo sería? ¿Estaría muy cambiado? ¿Seguiría tan serio como antes? Muchas interrogantes le surgían, deseaba ver a su amiga, platicar con ella y tener noticias; de forma inesperada resurgía la esperanza de un amor que no se había realizado, de una relación que fue sembrada y que no germinaba, la semilla estaba viva y pareciera que pronto se transformaría en una hermosa planta cuidada por dos almas que pronto se juntarían, ¿de qué manera? El tiempo se encargaría de ello.

Aquella noche Luqui estuvo muy inquieta durante la cena, una desesperación por estar en su recámara la obligaba a sentirse tan incómoda, sabía que el alhajero en el tocador contenía el motivo de su urgencia, trató de disimular lo más que pudo, pero no fue suficiente para dos amorosos padres que ansiaban ver liberada a su hija de aquella prisión en la que se encontraba, las rejas no estaban en la puerta de la cerca, sino en las barreras mentales manifestadas por aquellas figuras amenazantes que aparecían en cada ocasión en que la joven se encaminara hacia la salida de su casa.

— ¿Te sientes mal hija? (Preguntó Doña Amada)

— Es cierto hija, te notó un poco inquieta (Reforzó Don Agustín, en tono preocupado)

— No tengan pendiente, estoy bien, lo que pasa es que pronto Don Roque saldrá de viaje y ya quiero que se llegue la fecha

— ¡Es cierto! La semana próxima se va Don Roque y espero que traiga buenas noticias, ya está organizando todo, me quedaré a cargo mientras él regresa

— ¡Ojalá! Tengo mucha fe en las buenas intenciones de Don Roque, creo que a partir de ahora andaré igual de inquieto que tú hija

— Precisamente eso es lo que me inquieta padre, ¿será posible que esa persona desconocida podrá ayudarme? No importa si es dentro de quince días, un mes o un año, ya he esperado bastante, ya me han visto doctores y no puedo superar mi situación, dicen que no tengo nada y es cierto, me siento bien, pero no puedo salir adelante, no puedo superar mis miedos, ¿qué me pasa madre? ¿Cómo le hago padre?

Ante aquellas interrogantes los padres enmudecieron por un momento, una reflexión personal los obligaba a callar, todos mantenían la esperanza, esperaban ese encuentro, pero los asaltaba la duda de los resultados. Era la primera vez que compartían juntos ese sentimiento de duda, era tanto el tiempo que temían sufrir un desencanto más.

— Hija, pase lo que pase siempre estaremos de tu lado, tu madre y yo confiamos en ti

— ¡Gracias papá! Eso siempre lo he sabido, pero en ocasiones es necesario escucharlo de ustedes dos

— ¡Hay hija! Nosotros siempre estaremos dispuestos en apoyar cualquier acción que represente una esperanza para ti mi pequeña

— Gracias mamá, mantengo una fe viva en que el conocido de Don Roque pueda ayudarme, así que en lugar de estar triste voy a pensar en que vienen resultados favorables

— ¡Esa es mi hija! Eres muy valiente y me siento muy orgulloso de ti (Expresó aliviado quien en esos momentos se sintió más amigo que un padre afligido)

— Bueno, ¿qué les parece si les sirvo un chocolatito con estas conchas?

— Sí mamá, disfrutemos ese manjar, me encantan las conchas

— A mí también, espero que hayas traído suficientes(Don Agustín manifestó su aprobación frotándose las manos)

— Espero que les gusten, tienen un ingrediente extra que propuso Paty, Don Roque lo aprobó pero como una muestra, preparamos lo suficiente para que todos los trabajadores compartieran con su familia hoy por la noche y mañana comentamos si se agrega este nuevo sabor

— ¿Patita de repostera? Eso sí que es noticia

— Bueno, mucha plática, déjenme probar…¡Mmmm! Deliciosas (Don Agustín cerraba los ojos para dar a entender su aprobación por aquellas conchas novedosas)

— Es cierto, ¡Están muy buenas! (Secundó Luqui) ¿Qué tienen mamá?

— No lo sé, es un ingrediente secreto que solo se ha compartido con Don Roque, pero si lo aprobamos mañana todos conoceremos esta variante de sabor

— ¡Aprobado! (Dijo el feliz padre tomando otro de aquellos panes)

El mal rato pasó sin que se dieran cuenta para dar lugar a una escena más alegre, la familia se encontraba contenta de nuevo, sonriendo a la vida sin importar la adversidad que empañaba la felicidad completa de ese hogar. Terminaron y platicaron un rato más antes de pasar a los dormitorios.

Cuando Luqui se disponía a abrir la puerta de su recámara, una sonrisa se dibujó en su rostro, ciertamente que los acontecimientos que se avecinaban la tenían un poco inquieta, agradecía las buenas intenciones de aquel hombre jovial a sus más de cincuenta años; pero la verdadera razón de su inquietud se encontraba en el alhajero regalo del abuelo, ¿qué escondía Luqui en él? Con nadie había compartido el contenido guardado hacía casi cinco años, ni siquiera con Patita, su amiga del alma y no porque no quisiera hacerlo, simplemente porque era algo que yacía solo como un recuerdo, un recuerdo que hoy renacía de nuevo despertando ilusiones que Luqui creía perdidas. Giró la perilla, entró lentamente, se puso cómoda para dormir, tomó entre sus manos al cómplice de su secreto y abrió lentamente uno de los dos cajoncitos que tenía. Aquel alhajero era una réplica de una vitrina en miniatura, dos puertas con vidrio decorado en la parte superior cubiertas por una tela de panilla roja en su interior, los cajones tenían la misma cubierta por dentro, la madera perfectamente tallada en color caoba oscuro combinaba perfectamente, cerró nuevamente aquel cajoncito y lo estrechó con mucha delicadeza, como temiendo hacerle daño, recordó a su abuelo y durante un buen espacio de tiempo estuvo en esa posición; pasados esos momentos abrió de nuevo el cajoncito y extrajo con delicadeza una hoja doblada cuidadosamente, tenía unos dobleces artísticos, se notaba el cuidado que habían puesto en ello, regresó al alhajero a su posición original, apagó la luz principal y encendió la lámpara que estaba en el buró izquierdo, encimó dos almohadas y se dispuso a desdoblar tranquilamente aquella hoja que representaba las ilusiones de un adolescente que convertido hoy en un joven emprendedor le manifestaba por segunda ocasión su amor por ella: Omar Alejandro.

Las palabras que plasmó en sus tiempos mozos cobraban vida de nuevo, pero ahora con una respuesta diferente, con más probabilidades de ser respondidas con palabras que le hicieran sentirse aceptado; Luqui empezó a leer, lentamente, saboreando cada frase y despertando un sentimiento de amor por ese valiente soñador que se animó a confesarle su amor:

"Querida Luqui, no comprendo la manera en que obtuve el valor para escribirte estas cuántas líneas producto de mis más íntimos sentimientos; pero mucho menos entiendo de donde saqué el coraje para hacerte saber todas las ilusiones que despiertas en mí. Para empezar quiero que sepas que admiro la alegría que siempre traes, la demuestras en donde quiera que te veo y eso me hace sonreír cuando te recuerdo en mis momentos de soledad; tu pelo es encantador, me complace ver como luce, es increíble la manera en que cae sobre tu espalda y el color de tus ojos me cautiva, cuando te miro de frente siento que una sensación de calor invade mi cuerpo, siento oleadas de una dicha indescriptible y me siento subyugado ante tu presencia. Quisiera gritarte que te amo, ¡Que te sueño a cada instante! Que te extraño aunque solo haya pasado un segundo de haberte visto, ¡Cuánto te quiero! Y sufro, sufro mucho al saber que no puedo declararte mi amor ¡Perdóname! Si mi acción la consideras acto de un cobarde que no se atreve a expresar sus sentimientos, prefiero ser cobarde a confesar todo lo que siento por ti a un tercero, prefiero que seas tú y nadie más. Eres tan linda, tan entusiasta que temo ser rechazado por ti, pero quiero que sepas que eres lo mejor que me ha pasado, no me arrepiento de ser tu compañero de grupo, de ser tu amigo de escuela, de lo que estoy seguro de arrepentirme es de no hacerte saber todo lo que despiertas en mí y es por eso que te digo ¡Te amo! Y no me cansaré de gritarlo en voz baja, ¡Te amo! Y cada instante que pase a tu lado lo disfrutaré al máximo, no importa que sea tu amigo, que solo así me puedas ver, pero el hecho de que sepas que te amo me es suficiente. Te quiero y perdóname por esto, te quiero y es algo más fuerte que yo, es un sentimiento que me domina y estoy dispuesto a dejarme atrapar por él; soy feliz al amarte en silencio y cada momento que pase a tu lado será un recuerdo tatuado a fuego en lo más profundo de mi ser.

Eres lo mejor que me ha pasado, cuando ingresamos a primero de secundaria te consideré una amiga más, pero ahora que estamos a punto de graduarnos de pronto me di cuenta de todo lo que siento hacia ti, es un sentimiento de alegría y de ganas interminables de pasar todo el tiempo a tu lado, me desespero cuando no te veo los fines de semana y sufro cuando se llegan las vacaciones; ahora, a unas cuantas semanas de separarnos me doy cuenta de ello. Eres lo mejor que me ha pasado, no me arrepiento de haberte conocido aunque esto me genere dolor, es un dolor que no puedo explicarte, no es un dolor físico que alguna medicina pueda curar, ese sufrimiento, ese dolor se esfuma en cuanto te veo, ¿qué tienes Luqui que me haces sentir así? ¿Acaso amar tiene un significado de sufrimiento? Si amar significa sufrir estoy dispuesto a ello, pero el ser rechazado, el no ser correspondido significa caminar por un camino de tortura, el saber que el ser amado te rechaza es igual a traer una herida en el corazón que jamás podrá sanar; ¡Te necesito Luqui! No puedo obligarte a que me aceptes, pero sí puedo decirte lo que despiertas en mí, si puedo decirte que siempre estaré a tu lado y que estoy dispuesto a esperar el tiempo que sea necesario para ser correspondido, ¡Te amo aunque tú no me ames! ¡Te quiero aunque tú no me quieras! Y te extraño, aunque ni siquiera te acuerdes de mí. Por último me atrevo a decirte que este viernes no podré asistir a la escuela, tengo que ayudar a mi padre en unas tareas del campo, pero te esperaré en la esquina de la plaza, en la banca que siempre compartes con tus amigas por las tardes, no te quitaré mucho tiempo, solo que me   gustaría saber si tengo alguna esperanza y si no fuera así de todos modos te agradecería tu sinceridad. Ahora que sabes de mis sentimientos quiero que grabes para siempre en tu mente que "Ocupas un lugar muy especial en mi corazón" No faltes amada mía... No faltes... "

ETERNAMENTE TUYO

Omar Alejandro

Al terminar su lectura, Luqui recordó la dicha que le causó leer aquellas líneas años atrás, se sorprendió de cómo apareció aquella carta en medio de una de sus libretas ¿cómo pudo Omar Alejandro insertar la carta si nunca se despegaba de su mochila? ¿Lo ayudarían? De pronto aquella felicidad se vio truncada por una mueca de dolor, su rostro cambió en un instante, vinieron a su mente una serie de acontecimientos que le impidieron acudir a la cita que durante dos días la hizo soñar despierta, nadie supo de esa cita truncada, pero para dos almas que se correspondían marcó una huella llena de tristeza en sus corazones. De alguna manera la historia empezaba a repetirse de nuevo, sus compañeros de esa época maravillosa llamada adolescencia se reunirían de nuevo, en ese lugar tan especial que tantas veces había disfrutado con su abuelo y que nuevamente ella no podría asistir; Omar Alejandro estaría presente y ella sería la ausente de siempre, todos la recordarían, sería una mención efímera y luego seguirían con la diversión, con la alegría de estar juntos de nuevo y compartir sus sueños, las metas que tenían en mente y ella, ella los recordaría con una sonrisa, visualizando a cada uno de ellos y mirando como algo inalcanzable a su amado Omar Alejandro; ahora que tenía noticias de él confirmaba la sinceridad de aquellas palabras plasmadas en ese papel que ahora tenía entre sus manos, ahora que se daba cuenta de que ella también correspondía sinceramente a esa petición de amor dictada desde el fondo de un corazón enamorado; ¿qué razones tuvo Luqui para no asistir a la cita en la banca de la plaza? ¿La vida le estaba señalando que su destino era sufrir o que este era un desafío que tenía enfrentar? ¿Qué futuro esperaba a Luqui?

Dobló la carta con mucho cuidado, se esmeró y al terminar pareciera que nunca se había leído, Luqui sentía tristeza por la situación que vivía y a la vez una dicha por saber que alguien la quería y que ese alguien también era correspondido, todo esto era maravilloso, pero un aguijón le producía un dolor en su alma, una tristeza que la embargaba y ese aguijón era el no haber podido decírselo en aquella cita de antaño, era no poder corresponderle como una joven normal, como todas sus compañeras; sentía alegría por Patita y con una sonrisa acomodó nuevamente la carta en su lugar, apagó la lámpara , cerró los ojos y antes de quedarse profundamente dormida lloró, fue un llanto diferente, estaba acostumbrada a que sus lágrimas fueran siempre de dolor, pero ahora estaba acompañado de una expresión de paz y alegría; Luqui ignoraba que esa noche empezó a germinar una nueva semilla de esperanza, una ilusión más que valía la pena el luchar por ella. ¡Luqui se estaba enamorando!

Al día siguiente se levantó reconfortada; como en la mayoría de las veces, su padre ya se había marchado a sus labores en las tierras, pero alcanzó a desayunar con Doña Amada, no se tocó el tema de la partida de Don Roque, fue una conversación llena de alegrías sin saber que un secreto más estaba por develarse, un mensaje de amor que había sido guardado celosamente durante dieciocho años y que impactaría profundamente los sentimientos de esa joven que había permitido que los fantasmas sin rostro la tuvieran vencida por tanto tiempo.

CAPÍTULO VI

EL ADIOS AL ABUELO

(Una experiencia dolorosa)

— Madre, ¿ya miraste que a nuestra sangre de toro le están saliendo más botones? (Refiriéndose a la pequeña planta de rosal en el centro del jardín)

— La mera verdad no hija (Mostrando interés)

— Sí mamá, está preciosa, ¿qué te parece si por la tarde le aflojamos la superficie y le hacemos más poza para que tenga suficiente agua?

— Claro que sí, de hecho ya necesitamos darle una removida a toda la tierra para quitar esa maleza que ya está saliendo de nuevo

— Es cierto, si dejamos que crezca los geranios se van a ver muy feos

— Además esa bugambilia ya necesita una buena podada

— Creo que vamos a tener mucho trabajo mamá

— Así es, además hoy me van a traer unas semillas de mastuerzo que da flores amarillas jaspeadas con un anaranjado muy intenso

— Se verán hermosas madre, creo que resaltarán mucho todas las plantas del jardín

— Así será, embelleceremos esa área al crear una hermosa alfombra verde combinada con el amarillo jaspeado de las flores (Doña Amada se emocionaba a decir esto, su pasión era mantener con una buena presentación el jardín durante todo el año). Ahorraremos el trabajo de estar quitando hierba todo el tiempo y tendremos una planta de ornato y medicinal a la vez

— ¿Medicinal? (Respondió Luqui con mucho asombro)

— Si hija, el mastuerzo en forma de té ayuda a combatir enfermedades respiratorias, un cataplasma hecho a base de flores ayuda a los niños con orzuelo y si machacas las hojas y untas tu cabello estimulas su crecimiento, cosa que no necesitas (Tocando orgullosamente el cabello de su hija)

— ¡Fabuloso! Todo está muy bien, pero explícame por favor, ¿qué es un orzuelo?

— Imaginé que preguntarías eso, un orzuelo es un grano que sale a los niños en el párpado y que se infecta, es doloroso y no debe exprimirse, además es molesto; aunque no es exclusivo de los niños, a los jóvenes y adultos también les puede salir

— Entonces mamá, trae las semillas, quiero muchas flores de mastuerzo, más vale estar prevenidas

Ambas sonrieron. Cada motivo para sonreír era aprovechado al máximo, no todas las mañanas eran propicias para manifestar alegría, el participar en proyectos juntas las comprometía a trabajar con ahínco para lograr sus objetivos y el jardín familiar era uno de ellos. Las dos estaban orgullosas y saber que cambiarían su aspecto las emocionaba. Esa mañana rieron como chiquillas, sabiendo que tenían algo nuevo por realizar, no importaba que tan grande o pequeña fuera la meta a lograr, lo interesante era saborear el éxito aún antes de tenerlo, el imaginarse el jardín con una nueva vista las emocionaba y las hacía mantener esa ilusión por concretarlo.

Doña Amada se despidió de su hija y se enfiló hacia la panadería, faltaban dos días para que ella quedara al frente del negocio y eso la ponía un poco nerviosa, no dudaba de su capacidad pero comprendía la gran responsabilidad que representaba. Don Roque siempre se había portado muy bien con todos y corresponderle de esa manera era una gran satisfacción. Luqui la acompañó hasta el jardín y se quedó mirando a su madre hasta que desapareció. Las tareas cotidianas como el trapeado de pisos, sacudida de los muebles, barrer el patio o lavar la ropa eran más un pasatiempo que una obligación. Ese día terminó sus quehaceres a media mañana y sin saber por qué, se dirigió a su habitación, nunca entraba, al menos desde que sucedió aquella escena que marcó el inicio de su miedo a salir de casa; nunca lo había hecho y ahora encaminaba sus pasos a la recámara que siempre estaba sola todo el día. Entró y se recostó, después de un rato se levantó, tomó el alhajero entre sus brazos, se recostó nuevamente y se quedó dormida en poco tiempo. Vinieron a su mente escenas de cuando tenía doce años, las pláticas con el abuelo volvían a resurgir y ahora se encontraba platicando con él bajo el algodón que apenas empezaba a ensanchar su sombra, era pequeño y no rebasaba los tres metros de altura, pero si era lo suficientemente amplio para proteger del sol a aquellos insepara- bles amigos, Don Jesús y Luqui más que abuelo y nieta, eran dos grandes amigos; hacía más de una década que había enviudado y disfrutaba mucho de la compañía de esa pequeña que siempre esta- ba dispuesta a escucharlo. Dos mecedoras de un blanco impecable les brindaban la comodidad de disfrutar aquella mañana, mientras ella se mecía de manera lenta el abuelo disfrutaba más solo con descansar y platicar con su nieta.

— Abuelo, ¿crees que este árbol vaya a crecer todavía más?

— ¡Claro que sí Luqui! Este es un árbol de algodón y todavía le faltan unos dos metros más de altura, además llegan a tener una fronda muy grande

— Entonces será un gran árbol

— Así es pequeña, será un gran árbol

— Oye abuelo, estoy haciendo nuevos amigos en la secundaria

— ¡Me da gusto! La secundaria es una hermosa época de juventud

— Lo que más me agrada abuelo es que Patita y yo seguimos juntas, en el mismo salón

— Paty es una buena muchacha hija, además es de las que más te visita aquí en la casa

— Nos queremos mucho y dice que ella si platica con sus abue- los, pero no tanto como nosotros

— Bueno, acuérdate que sus abuelos viven en otro pueblo y yo estoy a dos calles de aquí

— Es cierto, por eso es que tú y yo siempre estamos platicando

— Y, ¿qué me dices de tus maestros?

— Apenas los estoy conociendo, además aquí cada materia tiene su maestro y en la primaria teníamos un maestro para todas las clases

— No te preocupes, pronto te vas a sentir en confianza, por cierto esto me recordó una pequeña historia

— ¡Cuéntamela! ¡Cuéntamela abuelo! (Gritó Luqui emocionada)

— Con mucho gusto señorita, pero por favor ponga mucha atención

— Sí señor (Respondió la pequeña haciendo un saludo militar)

— Hace mucho tiempo llegó a estas tierras una bandada de miles de patos que hicieron de la laguna en donde desemboca el arroyo su hogar, eran hermosos y todos sabíamos que pasada la temporada invernal ellos regresarían al norte de donde eran originarios, venían huyendo del crudo invierno. Eran patos canadienses que se alimentaban de plantas acuáticas y pequeños insectos. Pasada la temporada regresaron de nuevo a sus lugares de origen, pero en aquella ocasión nos llamó la atención un pato que no regresó. En un principio los que pasábamos por la laguna nos extrañábamos con aquel hermoso visitante que había llegado para quedarse, pero después de un tiempo pasó a formar parte del paisaje. Fue un pato que se hizo famoso muy pronto, los pequeños escuchaban sobre aquel nuevo personaje que habitaba en la laguna y querían conocerlo. Una tarde que pasaba por aquellos lugares quedé impresionado por lo que veía, pensé que mi vista me engañaba, pero no, después de tallarme los ojos seguía apareciendo la imagen de dos patos, entonces lo comprendí, el pato era un macho que cuidaba el nido en donde seguramente estaba su compañera, apenas por la mañana lo había visto solo, esto significaba que pronto aparecerían los pequeños, por si no lo sabías estos animalitos nacen hoy y mañana están en el agua; ciertamente al día siguiente pasé como de costumbre y miré a ocho patitos nadando al lado de sus padres. La noticia pronto se difundió y mucha gente acudió a la laguna en compañía de sus hijos. Después de un tiempo pasó la novedad y aquella familia vivió tranquilamente. Pasado un año los patos volvieron de nuevo a protegerse del frío, les gustó la laguna porque regresaron, pasó el invierno y los patitos nacidos en la laguna al igual que sus padres regresaron con los demás a sus lugares de origen. Creo que desde entonces tenemos a estos visitantes año con año.

— ¡Qué triste historia abuelo!

— ¿Triste?, ¿a qué te refieres con eso de triste?

— Es que yo quería que se quedaran

— No hija, los patos solo venían de visita y regresar a su lugar de origen es algo que siempre han hecho

— Sí, pero me da tristeza que los que nacieron aquí se hayan ido

— Mira, ¿por qué no mejor ves que aprendizaje te deja esta historia?

— Es que a mí me parece muy triste abuelo, la gente ya se había acostumbrado a esa familia de patos, ya eran parte de nuestra región

— Luqui los patos me enseñaron una lección muy importante, para empezar déjame decirte que ese fue un pato muy valiente, pudo regresar con todos los de la bandada, pero prefirió cuidar a su pareja ahuyentando a quien quisiera acercarse al nido, a eso se le llama amor en la familia, es responsabilidad de los padres proteger a sus hijos. Luego el vivir aislados durante un año, sin ver a sus hermanos que habían partido a su lugar de origen, eso me enseña que en ocasiones tenemos que sacrificar algo de nosotros para poder salir adelante; pero lo más importante mi pequeña, es que se mantuvieron unidos durante todo ese tiempo, cada momento del día lo aprovechaban, los pequeños aprendieron a alimentarse solos y de vez en cuando se alejaban de sus padres, en ocasiones la separación era de horas, pero al atardecer siempre estaban juntos, en la familia los hijos crecen y poco a poco van aprendiendo a tener independencia, es importante que los hijos aprendan a valerse por sí mismos pero nunca deben olvidar a donde pertenecen. Cuando la familia tuvo que regresar a sus lugares de origen se integró de nuevo a la bandada y formó parte de ella nuevamente, los polluelos ya habían crecido y estaban listos para formar parte del gran regreso, los seres humanos pertenecemos a un núcleo familiar y somos parte de una sociedad, podemos vivir alejados, en lugares remotos y solos, pero llegado el momento tenemos que convivir con los demás; de cada padre y madre de familia en el mundo depende el enseñar a sus hijos valores que les permitan insertarse a una sociedad, de enseñarlos a que una vez que hayan crecido a que tienen que desplegar sus alas para volar en busca de esa felicidad a la que todos tenemos derecho, el mundo es un lugar maravilloso para vivir, nuestra estancia en él es pasajera y debemos disfrutar cada momento al máximo, el placer de conquistar una meta no es llegar a ella sino disfrutar cada paso que demos hasta lograrla; durante todo un año aquellos padres enseñaron a sus hijos a comer insectos, a cuidarse, a mantenerse unidos y a tener paciencia, yo te aseguro que si pudiéramos traducir lo que escucharon aquellos patos pequeños durante un año sería algo más o menos así: "Hijos ya saben alimentarse solos, han aprendido a viajar lejos y regresar al calor de hogar, han crecido y son fuertes y jóvenes, tal vez para ustedes sea extraño ver como otras especies de aves conviven entre ellas porque son muchas y nosotros somos solo una pequeña familia, pero pronto vendrán muchos de los nuestros y aprenderán a convivir, tal vez algunos de ustedes encuentren pareja y tengan que alejarse de nosotros; prepárense para ello y tengan la certeza de que el lugar de donde provenimos es un lugar hermoso, esperen el momento y disfrutemos mientras llega la fecha". El ambiente familiar se genera con la participación de todos, es importante que cada quien haga lo que le corresponde, así cuando los hijos tengan que partir se sentirán dichosos de volver al seno materno, de visitar a sus padres y reconocer que la familia a la que pertenecen sigue manteniéndose unida a pesar de que ellos ya han formado la suya.

— ¡Qué hermoso abuelo! Ahora ya no me siento mal, la tristeza se fue porque comprendo todo lo que me has dicho, me siento como una pequeña patita de esa familia, gracias abuelo, te quiero mucho (En esos momentos Luqui se levantó de su mecedora para abrazar al abuelo)

— Y para que te sientas más contenta quiero que sepas que la bandada llegó puntualmente a la cita, estuvieron la temporada de invierno y regresaron, la región quedó sin un pato, pero ten la seguridad que si asistes a la laguna cuando llegue la emigración verás a los descendientes de aquella familia que fue nuestro huésped durante todo un año

— ¿Faltará mucho abuelo?

— Unos dos meses hija

— ¿Podremos ir?

— ¡Claro que sí! Sería bueno organizar un paseo por aquellos lugares que tantas veces recorrí, hasta serviría para enseñarte un hermoso lugar, es una parte que tiene un significado muy especial que luego te contaré

— ¿Lo prometes abuelo?

— Con todo gusto, es una historia muy linda que me trae muy buenos recuerdos.

La mirada de Don Jesús se perdió en el horizonte y sus ojos brillaron anunciando el nacimiento de una lágrima, pero supo ocultarla muy bien pues Luqui no pudo detectarla debido a la emoción que le producía imaginarse en ese lugar al que su abuelo la llevaría; ninguno sospechaba el trágico evento que se marcaría para siempre en el corazón de la pequeña.

Al día siguiente Luqui regresaba de la escuela, estaba muy contenta debido a que el maestro de la última hora de clase fue enviado a una comisión para agilizar la instalación de los tableros en la cancha de básquet bol, eso emocionaba a todo el alumnado y aparte estuvieron platicando un rato casi todos los del grupo en la esquina de la plaza donde siempre se juntaban. Un silenció la recibió, dejó su mochila en el sillón individual de la sala, llamó a su mamá y nadie contestó. Su rostro mostraba desconcierto, siempre la esperaban para comer sus hermanos y tampoco estaban, revisó todas las recámaras y estaban vacías; ahora su cara era de preocupación, ¿qué estaba pasando? ¿A qué se debía esa soledad sin una aparente explicación? Sus dudas fueron despejadas casi de manera inmediata, la puerta de la reja se abrió y alguien se encaminó de manera apresurada hacia la casa, Luqui se asomó por la ventana y miró a su madre que mostraba un rostro desencajado, entonces lo comprendió todo, ¡Algo le pasaba al abuelo! Doña Amada entró a la casa y abrazó a la pequeña que esperaba una mala noticia, deseaba que no fuera algo malo sobre el abuelo, pero no podía apartar ese presentimiento, algo extraño pasaba, las palabras que escuchó confirmaron sus temores.

— Hija, el abuelo está muy enfermo, se puso muy grave en la mañana

— Pero mamá, ¿por qué no me avisaron?

— Tu abuelo no quiso hija, dijo que esperáramos hasta que llegaras de la escuela, te está esperando, ya van varias veces que pregunta si ya habías llegado, cuando miré la hora me vine por ti

— ¿Y mis hermanos?

— Ya están allá, tu padre también llegó, el doctor dijo que no era necesario llevarlo a la clínica, que era mejor no moverlo, que está muy delicado

— Vámonos madre, quiero verlo

— Si pequeña, vamos

Ambas salieron apresuradas, el camino se les hizo eterno, ninguna quería pasar un minuto fuera de la presencia del abuelo. Llegaron y Luqui se acercó llorando a la cama donde se encontraba Don Jesús, el anciano alegre de un día antes parecía haber envejecido de pronto una década más, en su rostro se reflejaba el dolor y cuando miró a su nieta extendió los brazos, esbozó una sonrisa e hizo el intento de levantarse, cosa que no pudo hacer; todos lloraron ante la escena que se les presentaba, para nadie era desconocido que desde que el anciano había enviudado su alegría era conversar con su pequeña nieta; vivía solo y siempre era amable con todo mundo, era una casa pequeña pero muy confortable, en su patio se encontraban un camino de piedra que conectaba la puerta de la casa con la entrada al patio que daba a la calle, a su lado un cerco de rosales bien podados de unos cuarenta centímetros de alto delimitaban la ruta a seguir, dos naranjos en plena producción mostraban sus frutos a punto de madurar, el verde ya no era tan intenso y se tornaba amarillo, el tamaño de la fruta había alcanzado su plenitud y en cuestión de días lucirían listas para ser cosechadas. Luqui lo abrazó.

— Abuelo, ¿qué te pasa? ¿Qué sientes?

— Me siento mal mi pequeña

Aquella expresión sonó más a un susurro que a una respuesta normal, el anciano estaba muy mal, se notaba el dolor que sentía y el gran esfuerzo que estaba haciendo para no quejarse, ambos se fundieron en un abrazo y lloraron en silencio, las palabras estaban de más en aquel momento. Don Agustín no pudo soportar aquella escena tan dolorosa, sufría por el futuro de su padre y le angustiaba el sufrimiento de su pequeña hija, Doña Amada lo acompañó a la cocina para ofrecerle un té de siete azahares. Todo mundo lloraba, era un cuadro muy triste, nadie hablaba, las miradas estaban fijas en aquellos dos seres que siempre se habían mostrado cariño y comprensión, la diferencia de edades nunca había sido obstáculo para que ellos se sintieran identificados el uno con el otro y ahora parecía que el momento final se acercaba, era cuestión de tiempo y Don Jesús lo sabía.

De pronto hizo un ademán desesperado señalando la vieja cómoda en donde guardaba sus pertenencias, cuatro cajones y dos puertas de madera se miraban al frente. Su señalamiento indicaba el cajón que estaba abajo, Enrique, el hermano mayor de Luqui caminó hacia el lugar indicado para luego abrirlo y frente a todos sacó de su interior un hermoso alhajero envuelto en una tela de terciopelo roja, se lo llevó a su abuelo, lo puso entre sus manos y frente a todos se lo entregó a Luqui y con una voz apenas audible le pidió que lo tomara. Ella obedeció en silencio y el abuelo hizo un gran esfuerzo por expresar una sonrisa. Lucía acercó una silla a su hermana para que se sentara a un lado de la cama y permaneciera haciendo compañía al noble anciano. Una hora más tarde llegó el doctor de nuevo y pidió que dejaran al enfermo solo, que necesitaba mucho reposo.

— ¡Por favor! Don Jesús necesita descansar, les pido que lo dejen solo

— ¿Podemos estar aquí al lado doctor? (Preguntó Enrique)

— ¡Claro que sí! Lo importante es que tenga descanso, si ustedes están presentes el tratará de no dormirse

— ¿Y Luqui doctor?

— Ella puede permanecer, conozco el cariño tan especial entre ellos y creo que sería irrespetuoso no permitirlo

— ¡Muchas gracias doctor!

— ¡De nada! Creo que en estos momentos la mejor medicina para su abuelo es la presencia de su querida nieta

Una vez que salieron de la habitación del enfermo siguieron las indicaciones, todos estaban atentos a las palabras del doctor

— Don Jesús está muy enfermo, necesita de reposo absoluto, fue un infarto muy fuerte, es un milagro viviente, si permito a Luqui en la habitación es porque conozco el lazo de amor que existe entre ellos

— ¿Se recuperará mi padre doctor? (Preguntó angustiado Don Agustín)

— Eso es algo que no está en mí contestar, como les expresé anteriormente, el estado de Don Jesús es muy grave; cuando Lucía le trajo el desayuno por la mañana y lo encontró tirado en el piso, fue muy oportuno que en lugar de avisarles a ustedes fuera conmigo primero, creo que de haber sido al revés no contaríamos con su presencia en estos momentos. Procuren descansar, las siguientes cuarenta y ocho horas serán de pronóstico reservado, tenemos que estar muy pendientes

— ¡Claro que sí doctor!

— Les pido que estén muy atentos, a las ocho estaré de nuevo para aplicar una inyección y checar sus presión, si notan algo extraño avísenme de inmediato

— No tenga pendiente, cualquier cosa que pase le avisamos enseguida

— Muy bien, tengo que ir a la clínica para seguir atendiendo a los pacientes de la tarde

— Vaya doctor y muchas gracias

El doctor salió de la casa acompañado por Doña Amada hasta la puerta que da a la calle. Regresó a la casa y lo único que se percibía era una gran preocupación en el ambiente, nadie hablaba y de vez en cuando se asomaban a la habitación en donde antes estaban, cada vez que lo hacían la escena era la misma, Luqui tenía entre sus manos la mano derecha del abuelo, le platicaba cosas que nadie escuchaba, era un diálogo entre dos seres que se están despidiendo aunque no lo quieran aceptar, era una conversación que todos respetaban.

— Abuelito, ignoro lo que te pasó pero entiendo que es algo muy malo, nadie me lo ha dicho, pero me lo demuestran con su actitud, sus caras reflejan una gran tristeza más que una preocupación. ¿Qué pasa abuelo? ¿Sientes mucho dolor? Alíviate abuelo, recuerda que tenemos que ir pronto a ese lugar secreto en la laguna. Yo te voy a cuidar, voy a quedarme a dormir contigo, no me separaré de ti hasta que te alivies, pediré permiso en la escuela y pronto volveremos a ser como los dos grandes amigos que siempre hemos sido abuelo.

Pareciera que aquellas palabras eran más de un adulto que de una pequeña de escasos doce años, pero aquel anciano a través de sus enseñanzas le había inculcado el don de la conversación, un don que todos podemos tener pero que hacemos a un lado cuando es una persona mayor la que nos habla, siempre ha sido así, los ancianos son excluidos por los adultos y jóvenes, solamente los niños se toman la molestia de conversar con ellos aunque sea siempre la misma historia que tengan que escuchar. Esa era la magia que existía entre aquel par de amigos que sufrían ante la partida no anunciada del más anciano, partida que tendría lugar un poco más tarde, ¿de qué manera? Pronto lo sabríamos, mientras tanto Luqui seguía comunicándose con su abuelo

— Le voy a decir a mi mamá que ya que te alivies sembremos albahacas en tu jardín abuelo, tienes puros rosales y ya no es bueno que andes con la pala cortando maleza, dice mi mamá que crecen rápido, también dice que son muy olorosas y medicinales pues el jugo ayuda a combatir el vómito y la diarrea en los niños, imagínate abuelo: ¡Menos hierba y aparte un jardín botánico! ¡Alíviate abuelo! Tenemos muchas cosas por hacer, recuerda que tenemos que recorrer los caminos en el arroyo, checar si los nidos ya tienen pajaritos y vigilar si las calandrias hicieron bien sus nidos; también tenemos que encontrar la piedra más redonda y eso sí, hay que comprar una frazada nueva, miré una en la tienda, también es azul, pero un gran oso bordado en color negro llama la atención. Hoy salí temprano, bueno un módulo antes, no tuvimos la última clase porque el maestro fue comisionado para que gestione los tableros en lo que será la cancha de básquet bol, cuando estén listos quiero que vayas un día por mí y te las voy a mostrar, el prefecto es buena persona y me dará el permiso para estar un rato, quiero que conozcas mi escuela y yo seré tu guía, es una gran institución, los salones son muy diferentes a los de la primaria, allá teníamos bancos para dos personas y aquí cada quien tiene su butaca, en los jardines tienen hermosas plantas de rosales y cuando entremos a segundo grado van sembrar muchas petunias, dicen que para diciembre estarán bien arrepolladas y sus flores serán de muchos colores, además el césped siempre está bien podado, yo sé que ya conoces la escuela, pero yo estaba igual que tú abuelo, para mí era una escuela bonita y nada más, pero ya que la conoces en su interior y haces el recorrido por sus pasillos te das cuenta de que realmente es hermosa; el laboratorio está recién equipado dice el maestro, la biblioteca tiene muchos libros y dicen que se pueden prestar a domicilio, luego te traeré un listado para que selecciones los que quieras leer, aunque creo que ya los tienes todos, existe también un taller para procesar alimentos, pero es exclusivo para los que ya están en tercero, voy a hacer el mejor chorizo de la escuela y lo vamos a saborear abuelo, ten la seguridad de que mi escuela te va a gustar.

Luqui no soltaba la mano del abuelo, le platicó sobre sus visitas al arroyo de años atrás, le recordó la eterna competencia de la piedra más redonda, Don Jesús forzaba una mueca de sonrisa cada vez que escuchaba a su nieta contando una experiencia de tantas que tuvieron juntos, era buena narradora y bien valía el esfuerzo de querer sonreír aunque esto le generara un dolor muy intenso; quería corresponder a cada emoción que le producía recordar tan bellos momentos, pero las fuerzas le faltaban, sentía que cada segundo era parte de una cuenta regresiva que pronto llegaría a su fin, tenía la certeza y no se arrepentía de que así fuera, sabía que su misión en la tierra estaba por cumplirse, se sentía en paz por ese lado pero la idea del sufrimiento que causaría su partida a toda su familia lastimaba su corazón. Miraba a su pequeña compañera de tantas horas y se sentía dichoso de que estuviera a su lado, siempre había tenido el temor de morir solo en su casa, sin nadie acompañándolo, su esposa le estaba esperando y pronto se reuniría con ella. En sus pensamientos daba gracias a Dios por permitir que Luqui estuviera a su lado, comprendía los ciclos de vida para cada persona, sabía que unos solo permanecían unas horas en este mundo, otras tantas solo llegaban a su juventud y él vivió felizmente acompañado de su esposa hasta los cincuenta y cinco años, enviudó muy joven, se sintió muy solo, pero en ese año llegó Luqui renovando sus esperanzas de vivir y ahora tenía que partir, ¿qué sería de Luqui? Tenía a sus padres, es cierto, pero estaba seguro que su ausencia la afectaría mucho, como a él le estaba afectando en esos momentos el despedirse aunque sea solo con la mirada, quería abrazar a su nieta pero las fuerzas ya no eran suficientes, quería decirle cuanto la amaba pero las palabras ya no le salían.

La pequeña de vez en cuanto pasaba una de sus manos por la frente de su abuelo y con sus dedos le acomodaba el cabello, era un acto de ternura, una demostración de amor. De pronto Luqui sintió como el abuelo hizo un intento por apretar su mano, fue casi imperceptible, pero ella lo sintió, miró a su abuelo y tenía los ojos muy abiertos, lo comprendió todo en un instante ¡Su abuelo se estaba despidiendo! ¡El abuelo se iba! Quiso gritar a los demás pero de sus labios no salió palabra alguna; en un esfuerzo desesperado el anciano movió sus labios y con palabras pronunciadas con una voz muy diferente a la que estaba acostumbrada escuchó la última frase de su abuelo.

— ¡En el alhajero sigo presente!

Fueron sus últimas palabras, nadie se dio cuenta de esta escena tan dolorosa, en cuanto pronunció la frase cerró sus ojos y Luqui sintió que la mano de Don Jesús ya no hacía presión, sintió la cruda verdad de esa reacción, miró al abuelo y aceptó la realidad: ¡El abuelo se fue! No dijo nada, no pudo hacerlo, siguió tomando la mano que ahora ya no tenía vida, la mano que tantas veces tomó para caminar por los paseos del arroyo. Lloró en silencio, sus lágrimas no paraban, era un llanto incesante, muy fluido, miró de nuevo aquel rostro que mostraba una paz infinita sabedor de que había cumplido su misión en este mundo. La estancia en este mundo fue para él una bendición, supo que había llegado su momento y partió cumpliendo su deseo con aquella frase que fue la última en esta vida: "**En el alhajero sigo presente**".

De pronto el llanto se convirtió en sollozos entrecortados muy fuertes y al fin pudo expresar cuatro palabras que cimbraron la parte más íntima de los presentes, jamás hubieran imaginado que el fin estaba tan cerca, todos mantenían la esperanza de las cuarenta y ocho horas, el doctor tenía casi una hora de haberse retirado y ahora escuchaban la fatal noticia, todos se asomaron de inmediato cuando escucharon a la pequeña Luqui

— ¡El abuelo se fue!

Entraron a la recámara y observaron al abuelo yerto sobre su cama y a una niña inconsolable. Doña Amada tomó a su hija entre sus brazos y la sujetó muy fuerte contra su pecho sacándola de la habitación. Todos lloraron, momentos después Don Agustín pidió a Quique que fuera por el doctor. Minutos más tarde se confirmaba oficialmente la muerte de Don Jesús.

— Es muy lamentable para mí comunicarles que efectivamente Don Jesús ha muerto, se escucha fuerte pero es mi deber de médico

— Gracias doctor por todo lo que hizo (Contestó Lucía)

— No te preocupes hija, era mi deber, además comprendo la situación por la que están pasando y si me lo permiten yo puedo ayudarlos con los trámites, Don Jesús era mi amigo y también lo quería mucho

— Se lo agradecemos doctor, en estos momentos no sé ni que hacer, encárguese de eso por favor (Dijo Don Agustín muy triste)

— Don Agustín voy a encargarme de todo, será cuestión de unas cuatro horas, en ese lapso ustedes me indican donde quieren que sea velado

— Está bien doctor, lo consultaré con mi familia y se lo haremos saber de inmediato

El doctor partió y minutos después un carro funerario llegó por el cuerpo. Lo demás pasó en un abrir y cerrar de ojos. La velación se llevó a cabo en el velatorio del pueblo, no quisieron que fuera en su casa para no guardar ese recuerdo doloroso cada vez que la visitaran. Luqui estuvo presente toda la noche casi sin dormir, se acercaba al féretro y miraba en el rostro del abuelo una expresión de paz. Mucha gente asistió, el lugar estaba abarrotado, una figura del pueblo se había adelantado en el camino, una persona a la que todo mundo estimaba. Todos comentaban que sería de la pequeña nieta, la miraban con tristeza. La despedida en el cementerio fue muy emotiva, todo mundo lloró y la tristeza reinaba en el ambiente.

Ya en casa Luqui estaba muy seria, su rostro demostraba abiertamente el sufrimiento que sentía, casi nadie hablaba, las palabras no eran necesarias en esos momentos. Lucía y Quique se acercaron a su hermana.

— Luqui, queremos darte algo (Empezó Quique)

— ¡Sí hermanita! (Expresó Lucía)

— Todos estamos tristes, Lucía y yo sabemos de tu tristeza, nosotros también la sentimos, comprendemos lo que pasó, pero tu amor por el abuelo era incomparable

— Es cierto hermana, nos duele y lo aceptamos y esto no significa que lo vamos a olvidar, el seguirá en nuestros corazones

— Es por eso que te trajimos el último regalo del abuelo

Sacaron de una caja el pequeño alhajero envuelto en terciopelo rojo y se lo entregaron. Lo tomó entre sus brazos y lo aprisionó con mucha ternura, entonces con una sonrisa mezclada con tristeza expresó:

— ¡Gracias hermanos, los quiero mucho!

— ¡Y nosotros a ti pequeña!

Un fuerte abrazo selló los lazos de amor entre hermanos. Los padres observaron complacidos; como adultos comprendían la partida del abuelo, sabían que sería muy difícil borrar el dolor que esto les causaba, pero también entendían que esto sería un proceso muy difícil en la vida de la pequeña Luqui.

Era pasado mediodía cuando Luqui despertó de aquel sueño tan real que había vivido, pareciera que fue ayer en que se despidió del abuelo. Tenía el alhajero abrazado a su pecho, se levantó y lo puso nuevamente en su lugar, se sentó a la orilla de su cama y estuvo observando por un buen rato el último regalo de su abuelo; hasta entonces tomó conciencia de que el abuelo jamás le había hablado de su existencia, de todas las ocasiones en que visitó la recámara de él, nunca lo miró, ¿qué razones tenía su abuelo para ocultarle tan hermosa pieza de madera? ¿Sería acaso de la abuela? De nueva cuenta vino a su mente la última frase que escuchó de sus labios: "*En el alhajero sigo presente*". Nunca se había cuestionado que mensaje le había mandado su abuelo con sus últimas palabras.

— Abuelo, ¿qué me quisiste decir con esa frase? Tú sabes bien que siempre te recordaré. Tus enseñanzas, los momentos que pasamos juntos son imposibles de olvidar. Esas experiencias de niña a tu lado me han fortalecido mucho para soportar este encierro al que estoy encadenada; en ocasiones he llorado en silencio porque son casi cinco años sin poder visitar tu tumba en el cementerio, todo mundo va y yo estoy imposibilitada para ello, te pido perdón por esto abuelo. Comprendo que la tumba solo es el lugar físico donde descansan tus restos, pero mientras te sigamos recordando tú vivirás abuelo. Deseo que el lugar donde te encuentres seas tan feliz como aquí en la tierra y que sigas tan alegre como siempre estabas, deseo que la abuela siempre te acompañe porque ahora ella es tu compañera nuevamente; aunque no tuve la dicha de conocerla personalmente creo que la conozco mejor que nadie a través de tantas vivencias que tuvieron como pareja y que tú me compartías; me siento muy feliz por ello abuelo, desconozco que vaya a pasar conmigo, pero albergo la esperanza de pronto salir adelante, creo que ahora estoy comprendiendo la frase que me dijiste cuando el niño que nos acompañaba en el campamento del arroyo gritó asustado por la presencia de la culebra de agua: "Siempre Existirá Alguien Dispuesto A Ayudarte Si Tú No Puedes Superar Tus Miedos". Don Roque es una persona muy servicial y creo que él es ese alguien, ¿tú qué crees abuelo?

El alhajero permaneció silencioso, Luqui siempre había pensado que las últimas palabras de Don Jesús se referían a que siempre lo conservara y de esa manera siempre estarían juntos. Ignoraba que las intenciones del abuelo nunca habían sido esas, sino que iban más allá, pues el pequeño alhajero guardaba un secreto que hasta ese momento a nadie había sido revelado, era un secreto para compartir con alguien muy especial, Luqui era esa persona especial y pronto se daría cuenta de ello.

Los gritos de su madre llamándola la sacaron de sus pensamientos, se levantó rápidamente y corrió para encontrar a su mamá que ya entraba a la casa, al mirarla de donde venía le preguntó extrañada:

— ¡Qué raro! ¿Vienes de tu recámara o estoy viendo visiones?

— No mamá, lo que estás viendo es cierto, vengo de mi cuarto

— Pues vaya que es una novedad, tenía años sin verte entrar a tu dormitorio de día, me da gusto hija

— ¡Gracias mamá! Lo que pasa es algo que no podría explicarte, de pronto sentí la inmensa necesidad de tener entre mis brazos el alhajero que me dio el abuelo, ¿sabías que cuando me lo entregó me dijo algo antes de morir?

— Pues la verdad no, todos vimos el momento en que Quique lo puso entre sus manos y luego él te lo entregó a ti, pero jamás escuchamos algo, lo único que recordamos es lo que tú dijiste: ¡El abuelo se fue! ¿Qué fue lo que te dijo hija?

— Fue una frase que apenas escuché, casi no le salía voz al abuelo, pero claramente me dijo: "**En el alhajero sigo presente**".

— Bueno, tal vez él te quiso decir que mientras tú conserves el alhajero el estará siempre a tu lado de manera simbólica. De hecho esto es algo que hemos comentado tu papá y yo.

— También yo pensaba algo parecido madre, pero creo que existe algo más, el abuelo nunca me platicó de la existencia de ese hermoso alhajero, ¿papá y tú sabían que estaba en casa del abuelo?

— Ahora que lo mencionas creo que no, es algo que nunca habíamos notado, pero bueno, sea como sea tal vez el abuelo lo compró para la abuela y después de su muerte al enviudar lo guardó por mucho tiempo. Lo valioso hija es que pudo entregarlo a la persona indicada, si lo tenía bien guardado es que significaba mucho para él y siéntete dichosa por ello

— Gracias mamá, me siento reconfortada.

— Vamos a preparar la comida porque traigo mucha hambre, Don Roque anda muy contento y me encargó te comentara que lleva tu pendiente muy presente

— ¡Qué bien! Mañana lo saludas de mi parte y le dices que le deseo lo mejor en su visita con los familiares

— Con todo gusto hija, le alegrará saber de ti

Después de la comida y descansar un rato pasaron al jardín donde la tarde se hizo corta, cortaron la maleza, aflojaron la tierra y empezaron a sembrar las semillas de mastuerzo.

— ¿Cuánto tardan las semillas de mastuerzo para nacer?

— Pues según Doña Rosita en menos de una semana ya estarán nacidos y una vez que esto pase los vamos a dejar que llenen todo el espacio del jardín para que impidan la salida de maleza

— Se verán hermosos, será una gran alfombra verde combinada con esas flores amarillas jaspeadas de anaranjado

— Creo que ya terminamos, ahora vamos a esperar

— Bueno mamá, deja que sea yo quien riegue por primera vez

estas nuevas semillas en el jardín

— Adelante hija, mientras tanto voy a dormitar un rato en la sala, me siento cansada y todavía tengo una media hora antes de que llegue tu padre

— Descansa madre, yo me encargo

Doña Amada pasó a la sala para recostarse un rato y mientras regaba el jardín con el rociador de la manguera sonrió al imaginar cómo se veía el lugar si en lugar de mastuerzos hubieran sembrado matas albahaca.

Más tarde llegó Don Agustín con mucha hambre, saludó a la familia y después disfrutaron de una cena muy ligera. Platicaron sobre el próximo viaje de Don Roque, de las semillas sembradas, de la responsabilidad que tendría Doña Amada durante un mes aproximadamente (El viaje de quince días se alargó) y de los nietos que pronto ingresarían al jardín de niños. Quique y Lucía se habían casado hacía cinco años, fue una boda doble y el último evento social al que asistió Luqui. De pronto y sin que pudiera evitarlo la joven rompió en llanto y agachó la cabeza, sus padres acudieron a abrazarla.

— ¿Qué te pasa hija? ¿Te sientes mal?

— No mamá

— Entonces, ¿qué es lo que te aflige? (Preguntó angustiado Don Agustín)

— Una de mis ilusiones es acompañar a mis sobrinos a la escuela, es un sueño que siempre he tenido y sufro mucho porque creo que no podré cumplirlo

Los padres cruzaron una mirada de tristeza y continuaron, observar a su hija en ese estado les oprimía el corazón, los llenaba de angustia, pero sabían que no podían darse por vencidos, tendrían que ser fuertes para poder apoyar a su hija, aunque por dentro se sintieran mucho peor que ella; no pasaban un día de su vida sin pensar en que ellos podían disfrutar de la libertad mientras que su hija se encontraba prisionera en una cárcel que ellos no podían abrir, ¿quién tenía la llave para poder liberarla? Nunca se cansarían de luchar por ello, aunque los consumiera la tristeza jamás permitirían que el tiempo los venciera, cada oportunidad que se presentara sería una opción más que ellos tomarían, la esperanza de un cambio los hacía fuertes y los mantenía unidos

— ¡Claro que lo harás hija! Tenemos mucha fe en el conocido de Don Roque, pronto tendremos noticias, ánimo hija, tú puedes salir adelante

Al decir estas palabras Doña Amada sentía desfallecer, el padre enmudeció y aquella escena era digna de admiración. Tres seres abrazados y unidos luchando por un fin común: Desterrar el miedo de Luqui. Después de unos momentos se serenaron y se despidieron para pasar a descansar. Antes de dormir, la atormentada joven miró de nuevo el presente de su abuelo y volvieron a su mente aquellas palabras: "**En el alhajero sigo presente**" a las que seguía una interrogante, ¿qué me quisiste decir abuelo? El sueño la venció y la frase acompañada de la pregunta la acompañaron toda la noche.

CAPÍTULO VII

LA VISITA

(La alegría de ser joven)

Don Roque tenía una semana de haber salido de viaje, Doña Amada se estaba adaptando a su nuevo ritmo de trabajo, ahora tenía la responsabilidad de hacer los pedidos de material para la producción, la compra de la leña, la paga de los empleados, el depósito de las ventas y todo el proceso administrativo; sabía hacerlo, pero estar al frente era diferente. Don Agustín seguía con las actividades de su parcela; los mastuerzos mostraban su presencia en el jardín y Luqui había recobrado su alegría habitual, se encontraba disfrutando la sombra de su amigo el algodón; de vez en cuando pensaba en Omar Alejandro y se acordaba del contenido de la carta que solo había leído dos veces. Cada vez que se disponía a dormir se hacía la misma pregunta, ¿qué me quieres decir abuelo? Era un domingo y la panadería estaba cerrada ese día. Sus padres visitarían a sus hermanos y regresarían por la tarde; era costumbre que un domingo al mes ellos serían los visitantes y los otros tres la pasaban en casa para convivir con Luqui. Al principio se negaban a dejarla sola, pero a tanta insistencia por parte de ella sus padres habían accedido y ahora pasaba a formar parte de las actividades de la familia.

Ese domingo la esperaba una sorpresa, se encontraba sentada en su mecedora blanca y divagaba de vez en cuando. Una voz conocida la hizo voltear hacia la puerta de la reja, se trataba de Paty acompañada de un joven al que no conocía pero creía tener la certeza de quien se trataba.

— ¡Hola Luqui! ¿Cómo estás?

— ¡Muy bien! Adelante, está abierto (Poniéndose de pie)

— ¡Gracias amiga! Ya vamos

El encuentro fue muy efusivo, las dos amigas se abrazaron y enseguida Paty presentó a su novio

— Luqui, te presentó oficialmente a mi novio desde hace tres días (Señalando a su acompañante)

— Es un placer joven, me llamo Luqui y estoy encantada de conocerlo

— El placer es mío, mi nombre es Raúl Alberto y es un verdadero honor conocerla. Paty me platica tanto de usted que ya deseaba conocerla

Se dieron un fuerte apretón de manos, Luqui pidió que la disculparan y fue por una silla del comedor, regresó e iniciaron una conversación muy fluida.

— Bueno ahora que ya estamos cómodos, que les parece si ustedes dos se dejan de hablar de usted para que realmente sean amigos (Aclaró a manera de romper el hielo Paty)

— Por mí encantado, ¿te parece bien Luqui?

— ¡Estoy de acuerdo!

— ¡Muy bien! Pues aquí estamos amiga, muy contentos de visitarte

— Gracias, me da mucho gusto saber que su relación va progresando, los felicito

— Y hablando de progreso, estoy enterado de que no pudiste ingresar a preparatoria, dice Paty que eras una alumna muy inteligente en la secundaria

— La inteligente era ella, sacó un promedio general de 9.9 en los tres años de la secundaria

— Bueno, tengo entendido que la generación llevó el nombre de las dos, aunque no estuviste presente, ¿te gustaría estudiar la preparatoria?

— Claro que sí, pero creo que ya sabes la razón por la cual ni siquiera la inicié.

— Patricia me lo contó todo, lamento mucho tu situación, ¿sabías que puedes terminar tus estudios en el sistema de preparatoria abierta?

— A ver, eso me interesa, explíquenme por favor

— Coméntale por favor Patricia lo que tantas veces hemos platicado

— Bueno, lo que pasa es que en este sistema puedes concluir tus estudios en un año con programas intensivos en donde se te entregan los materiales y asistes cada sábado para que te brinden asesorías y que cada tanto tiempo presentes los exámenes correspondientes. Si apruebas todas las evaluaciones al final se te extiende un certificado en donde especifica que terminaste tus estudios

— Eso suena muy bien, pero, ¿qué requisitos se tienen que presentar para solicitar el ingreso a este plan de estudios?

— Es muy fácil amiga, debes tener el certificado de la secundaria, 18 años cumplidos y llenar la solicitud de ingreso, una vez que has sido aceptada te inscribes, asistes a la primera asesoría y se te entregan los materiales para que los estudies durante la semana y cada sábado te estás presentando a recibir más capacitación, los exámenes se presentan cada mes y si por alguna razón llegas a reprobar te dan otra oportunidad para que te regularices

— Creo que cumplo con todos los requisitos, pero falta algo, el requisito más importante

— ¿A qué te refieres Luqui?(Preguntó Raúl Alberto)

— Ustedes saben que yo no puedo salir de casa, pero de todos modos les agradezco su interés

— No te preocupes, Paty ya había pensado en eso

— Es cierto, el encargado del programa es tío de Raúl Alberto y le planteamos tu situación, además le hicimos una propuesta que aceptó de inmediato, antes de que preguntes, déjame explicarte; los asesores no hacen visitas a domicilio, pero si nosotros nos capacitamos podremos venir a trabajar contigo los domingos durante cuatro horas y te aplicaríamos los exámenes cada mes

— ¿De verdad harían eso por mí? (Muy emocionada)

— Claro amiga, Raúl Alberto está de acuerdo, él fue quien me hizo la propuesta y me pareció maravillosa

Luqui se levantó emocionada y abrazó a la feliz pareja que tan fantástica noticia le habían traído. Sentía que rebozaba de felicidad. La conversación siguió más amena, el nuevo amigo de Luqui era muy simpático y sin conocerla se ofreció a ayudarla, muy en su interior daba gracias a Paty por haberlo cruzado en su camino.

— Me siento llena de vida, no puedo creer que esto esté ocurriendo, ¡Gracias! ¡Muchas gracias amigos!

— Nada tienes que agradecer, lo hacemos con gusto y así tengo una justificación para visitar a Paty todos los domingos en su casa

— Es cierto Luqui, nos sentimos felices de poder ayudarte

— Bueno y, ¿cuándo empezamos?

— Las capacitaciones empiezan ahora en el verano, justamente una semana antes de la reunión de todos los compañeros de nuestro grupo en la secundaria; así que aprovecha este tiempo para descansar porque tendrás mucho que estudiar amiga

— Bueno que les parece si para festejar les preparo una naranjada con hielo, así que si me disculpan vuelvo enseguida

— Espera amiga, nosotros te acompañamos

— Como gusten, pero ustedes son mis invitados y deseo atenderlos como se merecen, no quiero parecer una mala anfitriona

Todos se dirigieron a la cocina, iban contentos, parecían adolescentes festejando una travesura. Luqui sacó unas naranjas de un recipiente que estaba en el refrigerador, tomó un cuchillo de una cajonera y una tabla para picar verdura de una alacena de abajo y en una de la parte superior tomó una botella de miel. Cuando terminó de sacar todo lo necesario Raúl Alberto les hizo una propuesta que después de insistir un poco fue aceptada.

— Que les parece si mientras ustedes platican un rato yo preparo la naranjada

— De ninguna manera, es la primera vez que vienes a mi casa y no puedo permitir eso

— Es que a mí me encanta hacer este tipo de bebidas

— Déjalo que se sienta en confianza Luqui, es cierto lo que te dice, es un experto en eso de las aguas frescas

— Está bien, pero si ocupas algo solo avísame

Las dos amigas se abrazaron como en la secundaria y nuevamente regresaron a la sombra del algodón. Antes de salir de la casa Paty volteó y le guiñó un ojo a su novio quien le respondió con una sonrisa de complicidad.

— Bueno amiga, déjame decirte que te tengo un mensaje muy especial

— Patita, ¿más sorpresas? Y de que se trata ahora

— Bueno, hay que aprovechar mientras estemos solas

— ¿De qué se trata? Acaso me vas a decir ese ingrediente secreto del nuevo sabor en las conchas? Por cierto están deliciosas

— No, es algo mejor, ¿quieres saber de qué se trata?

— Claro Patita, siempre me sorprendes, así que esta vez no será la excepción

— Pues mira, ¿te acuerdas que te comenté de Omar Alejandro? Pues bien, por alguna razón me encontré de nuevo con él y platicamos durante un buen rato, me preguntó si te había visto y le dije que hace poco te había visitado y que ahora vendría a visitarte para presentarte a mi novio. Se entusiasmó mucho, el rostro se le iluminó y me pidió que te dijera que te extrañaba, que le gustaría volver a verte. No le aseguré nada sobre lo que tú podrías responderme pero si me comprometí hacértelo saber, espero no ofenderte amiga, ni tampoco sé si actué mal, pero aunque no me insistió mucho, en su mirada se notaba una súplica… Bueno, ya te lo dije, ahora la que decide eres tú

Luqui permaneció en silencio por unos instantes, no podía creer lo que escuchaba, le sorprendía y una sensación de felicidad recorría todo su cuerpo, ¿acaso Omar Alejandro sentía el mismo amor de años atrás? Se repuso de la impresión y sin saber que responder contestó a su amiga con una interrogante que más bien era para sí misma.

— ¿Crees que él se atreva a visitarme?

— Te estoy diciendo que eso fue precisamente lo que me dijo

— Pero es que, no sé Patita, creo que tengo miedo

— ¿Miedo? Tú, la que siempre tenías un consejo para todos los que atravesábamos por una situación difícil cuando teníamos quince años, la que buscábamos antes que a los maestros para consultarte

— Es que las cosas han cambiado, conozco el aprecio que todos mis antiguos amigos me tienen pero entiendo que no puedan visitarme más seguido como antes, comprendo que han surgido nuevas obligaciones para todos ellos, nuevas amistades, nuevos compromisos y la única que jamás me ha dejado de visitar eres tú y ahora...

Luqui no pudo continuar, nuevamente la tristeza se apoderaba de su ser, Paty guardó silencio respetando los sentimientos de su gran amiga. Permanecieron por un corto espacio de tiempo, no necesitaban hablar para dar a entender lo mucho que se apreciaban; el algodón fue un mudo testigo, silencioso como siempre. Un grito se escuchó del interior de la casa, ambas voltearon y vieron la figura de Raúl Alberto con una charola en donde portaba una jarra que sudaba por lo frío de los cubitos de hielo y tres vasos de vidrio decorados con una rebanada de naranja insertada en la parte superior de sus bordes. Luqui sonrió y trató de reponerse cambiando la actitud de tristeza que momentos antes le acompañaba, Paty se levantó para recibirlo.

— Hola señoritas, es un placer atenderlas como reinas, a ver damita, tome un vaso por favor... Gracias, ahora le toca a usted señorita... Muy bien, enseguida les sirvo

El joven Raúl Alberto llenó cada uno de los vasos y luego procedió a servirse él. Tomó la iniciativa y retomó la plática.

— Muy bien, espero poder complacerlas, prueben por favor

— ¡Mmmm! Está muy sabrosa, ¿qué le pusiste mi amor?

— No me vas a creer, pero esta naranjada no tiene ni una gota de miel, están muy dulces, ¿de dónde son estas naranjas Luqui?

— Mi padre las trajo de la casa de mi hermano Quique, antes vivía mi abuelo en ella, pero como estaba sola mi padre se la dio a mi hermano

— Pues están muy buenas, de verdad que no utilice la miel, no fue necesario. Cambiando de tema espero no haberme perdido de algo interesante

— Comentábamos sobre la posible visita de un buen amigo de nosotras que quiere venir a ver a Luqui

— Sería excelente, así prepararía más naranjada, ¿por qué dicen la "posible visita"? Acaso no es seguro que venga su amigo

— No mi amor, lo que sucede es que apenas le estaba comentando a Luqui si podría recibirlo después de tanto tiempo sin verse

— Entonces interrumpí una conversación importante

— No, de ninguna manera, lo que pasa es que cuando apareciste con la naranjada estaba por contestarle a Patita que sería muy agradable poder contar con la presencia de nuestro amigo Omar Alejandro

Luqui no se percató de la mirada de complicidad entre sus visitantes, era una mirada que decía que todo estaba saliendo a pedir de boca, ¿qué tramaban Patita y Raúl Alberto? Por su parte Luqui se sorprendió con lo que acababa de decir, nunca hubiera imaginado que aprobar la solicitud de su enamorado fuera a ser tan sencillo, el saber que podría reanudar su amistad de antaño bien valía la pena; en cuanto a los sentimientos del uno hacia el otro el tiempo se encargaría de que las cosas sucedieran. La jovialidad de Raúl Alberto las contagió y de nuevo la comunicación volvió a su alegría natural.

— Excelente Luqui, será muy agradable poder platicar contigo los domingos, imagina, ahora somos dos, luego tres y, ¿por qué no? Muchos, muchos amigos después

— Tus palabras me fortalecen Raúl Alberto, eres grandioso

— Bueno mucha plática y poco consumo, ¿acaso no les gustó como preparé la naranjada?

Todos rieron de nuevo y disfrutaron de una tarde llena de promesas y proyectos por realizar. Las dos amigas de infancia se sintieron dichosas de revivir esos momentos donde lo único importante era vivir el momento; ambas eran muy responsables y sabían que cuando se trataba de disfrutar eso es lo que tenían que hacer. Raúl Alberto se sintió dichoso de conocer a Luqui, ahora comprendía el entusiasmo de su novia cuando la mencionaba; el encierro de años no le había diezmado la capacidad de sonreír y contagiar con su alegría.

— Creo que ya es un poco tarde amiga, tenemos que irnos pero ten la seguridad de que volveremos pronto

— Es cierto Luqui, si antes quería conocerte, ahora quiero ser tan amigo tuyo como lo eres de mi novia

— Será muy grato contar con su visita nuevamente, les aseguro que los voy a extrañar mientras vuelven

— Entonces guarda más naranjas, son únicas en dulzura

— Desde luego, cuenta con ello Raúl Alberto

— ¡Amiga te quiero!

— ¡Y yo a ti!

Ambas se fundieron en un abrazo de despedida mientras el joven enamorado las contemplaba. Luego que se separaron tocó el turno a Raúl Alberto de despedirse. Luqui se quedó bajo la sombra del algodón mientras ellos se alejaban, al cruzar la puerta que da a la calle, Paty volteó y gritó:

— Pronto te traeré noticias

— Si Luqui, vendremos tres (Gritó Raúl Alberto)

Luqui les contestó con un saludo de mano a manera de adiós, no dijo nada, pero en ese momento lo comprendió todo, Raúl Alberto sabía lo de Omar Alejandro, por eso insistió en preparar la naranjada y dejarlas solas. En el fondo agradecía este gesto.

Sus padres regresaron un rato después de haberse quedado sola. Les platicó sobre las visitas que había tenido pero omitió la nueva visita que pronto vendría, habían sido muchas emociones para un domingo. Luqui se sentía feliz, ¿qué le esperaba más adelante? No lo sabía, lo único que le ilusionaba en esos momentos era la futura venida de Omar Alejandro, ¿qué pasaría?

CAPÍTULO VIII

¡DEJEN MI FOTO!

(El nacimiento de la cárcel o el inicio del encierro)

Aquella mañana Luqui se encontraba limpiando la mesita de centro de la sala, la ventana había quedado impecable, los sillones habían sido limpiados con un trapo humedecido con una mezcla de agua y un líquido abrillantador de telas, no se miraban nuevos pero lucían muy bien, el piso despedía un agradable olor después de ser trapeado dos veces con una solución de agua y un aromatizante especialmente diseñado para ello; el florero con sus inseparables flores de color rojo intenso resaltaba sobre la mesita proporcionando un ambiente agradable. Una vez terminada su labor se sentó en el sillón individual y recargó su espalda en el respaldo, dispuso sus brazos sobre las coderas y se quedó mirando un lugar específico de la mesita; no pensaba, solo observaba. De pronto vinieron a su mente recuerdos muy dolorosos; hasta cierto punto siempre estaban presentes, pero los había bloqueado, como cuando guardas algún objeto en un rincón de la casa con la intención de no toparte con él, sabes dónde está, pero lo evitas a menos que sea necesario.

Reclinó su cabeza, cerró los ojos y siguió pensando. Su meditación la llevó a recordar el portarretratos de madera que estaba a un lado del florero años antes, en él estaba enmarcada una fotografía de ella cuando ingresó a la secundaria, era una foto de medio cuerpo donde mostraba su particular sonrisa, su larga cabellera mostraba todo su esplendor y la puerta que daba a la calle le servía de marco. ¿Qué razones tuvo la familia para quitar tan distinguido adorno?

Luqui empezó a recordar, pareciera que era una espectadora en primera fila. Las escenas eran muy claras, la tarde mostraba un sol que pronto cedería su lugar a las estrellas que mostraban un brillo resplandeciente en esa época, eran noches despejadas en donde se apreciaban claramente las constelaciones y los adultos aprovechaban para enseñar a sus hijos la formación de La Osa Mayor o El Carro como le conocían en otras regiones, Los Ojitos de Santa Lucía o simplemente se ponían a competir sobre quien encontraría la primera estrella fugaz, eran noches de familia; el calor molestaba a los mayores pero los pequeños no sentían su efecto, ellos competían y estaban felices por ser el ganador de aquellos juegos en donde todos querían ser triunfadores.

Dos jóvenes reían animadamente sentadas en la sala, no alcanzaba a escuchar lo que decían, una de ellas tomó el portarretratos y lo mostró a su compañera; señalaban la foto y reían, ¿qué estaban diciendo aquella pareja de jovencitas? Luqui observaba a través de la ventana, había salido a casa de Paty para hacer una tarea de la clase de español, se trataba de redactar una propuesta del reglamento interno del salón y cada equipo tenía que presentar al menos cinco reglas a seguir durante la estancia en la clase. Al interior la feliz pareja comentaba sin que nada se escuchara hacia afuera, el jardín no lo permitía pues se interponía entre ella y aquellas visitantes desconocidas.

— Mira hermana ¡Qué hermosa cabellera!

— Es cierto ¡Qué larga!

— Me gustaría tener el cabello así

— A mí también

— Además tiene una sonrisa muy contagiosa, se ve muy contenta ¡Mira!

Tomó el portarretratos y se lo acercó a su hermana. Ambas sonrieron abiertamente y no se cansaban de alabar lo hermoso del cabello de la joven de la fotografía.

— ¡Me gustaría que fuera nuestra amiga!

— A mí también, ojalá que mi mamá vuelva a venir para poder conocerla, ¿dónde estará?

— No lo sé hermana, pero yo también quiero conocerla

— Imagínate con esta cabellera, ¿cómo te verías?

— Hermosa hermanita, me vería muy hermosa

Este nuevo comentario generó una risa abierta, señalaban la foto y se imaginaban con el cabello largo. No envidiaban a Luqui, simplemente admiraban su belleza, estaban fascinadas con su cabellera en color café castaño claro. Pero ella, ignoraba lo que hablaban, solo observaba a través de la ventana. Sin razón aparente algo molestó a Luqui, sintió una angustia en su pecho, un dolor que no era físico, era un dolor que no podía explicar, era una sensación que la lastimaba, ¿qué pasaba por su mente? No lo sabía, pero le estaba afectando ver a las jovencitas tomando el portarretratos y reír abiertamente. Su semblante se tornó más serio cuando pudo ver la figura de su madre que platicaba con la maestra de química, observó a Doña Amada escuchar atentamente a su profesora y como ésta hablaba emocionada, estaban tan atentas una de la otra que no se daban cuenta de que en la sala se estaban burlando de su fotografía y ninguna de las dos les llamaba la atención a las mal educadas jovencitas que estaban en la sala, ¿qué platicaban? ¿Sería algo tan importante como para que no impidieran esa burla que hacían de ella en la sala?

— Mire señora, le traigo una excelente noticia, su hija fue seleccionada para representar a nuestra escuela en un foro regional sobre el impacto que tiene en la salud el no hacer ejercicio

— ¿Y eso qué significa maestra?

— Pues que nuestra alumna será quien ponga en alto el nombre de nuestra escuela en ese foro, participarán alrededor de diez escuelas secundarias como la nuestra

— Si maestra, pero que es eso de foro, ¿es como un examen?

— No señora, mire, un foro es una reunión en donde un grupo

de expertos expone sus razones sobre alguna problemática específica, en este caso Luqui tendrá la oportunidad de dar a conocer el efecto que tiene sobre el organismo el llevar una vida sedentaria, es decir una vida sin hacer ejercicio; ella siempre está motivando a sus compañeros a que participen en torneos, es una alumna muy activa

— ¿Y nos saldrá muy caro?

— Usted como madre y su esposo lo único que tienen que hacer es otorgar su permiso para que ella asista el próximo mes al Auditorio Cívico de la ciudad, estarán presentes alrededor de quinientas personas, será un evento muy importante

— Bueno, eso lo tengo que consultar con mi esposo, pero no se preocupe, le dará tanto gusto como a mí

— Gracias señora, será un placer preparar a su hija para este gran encuentro. Además tenemos el tiempo encima, hay que organizar las intervenciones que tendrá nuestra digna representante y ensayar sus participaciones, tenemos que demostrar que ella está muy preparada

— Por cierto, cuando llegó de la escuela no me comentó nada, ¿se le habrá pasado con la emoción o estará esperando a su padre para darnos la noticia a los dos?

— La verdad es que no lo sabe. El oficio de invitación llegó ya casi para salir el viernes pasado, cuando Luqui se desmayó; el director mandó llamar a varios maestros y pidió su opinión sobre posibles candidatos; todos coincidieron en que había varios jóvenes con la capacidad de representarnos dignamente, pero la ideal era su hija por el interés que siempre muestra en la realización de actividades deportivas. A la hora de salida el director nos reunió brevemente para indicarnos que Luqui fue la elegida, todos estuvimos de acuerdo y fui comisionada para venir a solicitar su permiso y a la vez avisarle a nuestra alumna sobre esta oportunidad para ver si acepta, aunque pienso que la noticia la va a poner muy feliz. Nos urge su permiso señora.

— Pues que orgullo maestra, me siento dichosa por mi hija, gusta de un café, una limonada, un té, dígame que le ofrezco por favor, me emocioné tanto que no le ofrecí nada

— Le agradezco su ofrecimiento, es usted muy amable, pero mis hijas tienen que hacer tareas, aunque no conocen a Luqui creo que ya son sus admiradoras, mírelas como platican sobre su cabellera

— Nunca se lo ha querido cortar, si acaso se lo despunta cuando llega a maltratarse

La visión de dos hermanas platicando y riendo en la sala, burlándose de ella fue lo que percibió aquella angustiada observadora; además la figura de su madre y la maestra tan absortas en su plática les impedía poner un freno al escarnio del que era objeto. La profesora y Doña Amada se despidieron muy contentas. Se encaminaron a la salida, las jovencitas dejaron de reír y se levantaron para seguir a su madre. Luqui corrió hacia la parte trasera de la casa, no quería saludar a quien le diera clases de química, no quería ser amable ahora que se sentía tan lastimada. Una vez en el cerco de la casa terminó el acompañamiento. Luqui ignoró la realidad de esa visita. Pasaría mucho tiempo para que se enterara de lo que realmente sucedió esa tarde.

— Muchas gracias Doña Amada, fue muy amable

— ¡Gracias a usted maestra! Lástima que no quisieron tomar nada

— No se preocupe y por favor comuníquele a Luqui esta gran noticia

— Con todo gusto, claro que sí, en cuanto llegue le comunico

— Muy bien, dele saludos de mi parte

Las jovencitas terciaron la conversación

— Señora dígale a su hija que tiene un hermoso cabello

— Es cierto señora, es una joven muy simpática

— ¡Claro que sí señoritas! Yo le comunico

Se despidieron efusivamente y Doña Amada se metió hasta que las tres figuras desaparecieron a la vuelta de una calle. Casi anochecía y Luqui no llegaba. Entró a la casa para preparar la cena, Don Agustín siempre llegaba con mucha hambre y esa noche sería de festejo. Se sentía feliz, su pequeña representaría a la escuela delante de tanta gente y eso la llenaba de orgullo. Rato después llegó su esposo cansado como siempre y preguntando que cenarían esa noche, la respuesta que recibió fue la noticia de la participación de su pequeña en el Auditorio Cívico de la ciudad, noticia que lo llenó de alegría. Luqui sintió la llegada de su padre y un fuerte dolor de cabeza empezó a molestarla mucho. Entró a la casa y su semblante sorprendió a sus padres. Era una Luqui diferente.

— Ya llegué mamá, papá me da gusto verte de nuevo en casa

— Hola hija, ven a darle un abrazo a tu padre

— ¿Qué tienes hija? Te noto rara

— Tengo un fuerte dolor de cabeza, me duele mucho

— Siéntate, te voy a traer una pastilla para dolor

— Te lo agradezco mamá, pero prefiero descansar en la recámara

— ¿Quieres que traiga al doctor?

— No papá, gracias, quiero acostarme

— ¿Y si te sirvo hija?

— No mamá, de verdad, solo quiero recostarme

— Está bien hija, ve a descansar, al rato te doy una vuelta para ver como sigues

— ¡Gracias mamá! ¡Discúlpenme por favor!

— No hija, no te disculpes, está bien, ve a tu recámara

Luqui se retiró justo en el momento en que entraba Quique apresurado. La noticia de que Lucía estaba a punto de dar a luz hizo olvidar momentáneamente aquella situación tan extraña. Avisaron a la confundida adolescente y salieron apresurados a la clínica del pueblo. Quique acababa de estrenarse como padre y ahora su hermana reafirmaba la entrada de aquellos padres al mundo de los abuelos. Fue una niña muy robusta. Julián, el nuevo papá se mostraba nervioso y una risa en su rostro no podía borrarse, no creía que fuera posible, miraba a su hija al lado de su esposa y no decía nada, lo que provocaba que el resto de la familia también sonriera.

— No te preocupes cuñado, yo también estaba incrédulo cuando nació mi niño

— Es que no lo puedo creer, ya soy papá

— ¡Felicidades hijo!

— ¡Muchas gracias Doña Amada!

— ¡Te felicito Julián! Enhorabuena

— ¡Gracias Don Agustín! Me siento muy dichoso

— ¿Y a mí no me van a felicitar?

— Claro hija, nada más que el doctor dijo que primero tenías que alimentar a la niña, así que lo primero es ella, en cuanto termines te voy a comer a besos

— Lo sé madre, solo que ya me estaba sintiendo celosa de Julián

— Descuida mi amor, que todos los abrazos que he recibido yo te los voy a dar uno a uno transformados en besos

— Bueno, yo los tengo que dejar, recuerden que Alicia está

sola y mi hijo apenas tiene dos semanas de nacido

— Adelante hijo, saluda a mi nuera y a mi nieto

— Yo les digo papá

— ¡Que te vaya bien hijo! Déjame darte un abrazo. Por favor pasa en la mañana con Don Roque para que le avises que no voy a ir a trabajar, tengo que atender a tu hermana

— Gracias mamá, no te preocupes, yo le aviso mañana

— Que te vaya bien cuñado, gracias por todo

— Por nada Julián , para eso somos familia

— ¡Adiós hermanita, te veo luego!

— ¡Hasta luego Quique! Saludos a la familia

Enrique se retiró apresurado, fue entonces cuando Lucía notó la ausencia de su hermana, sintió algo muy extraño, era la primera que debería estar ahí, siempre estaba diciendo que ella cuidaría de sus sobrinitos y que cuando ingresaran a la escuela ella los acompañaría hasta la puerta de entrada.

— Mamá, no veo a Luqui, ¿no le avisaron?

— Si hija, pero algo le pasa a tu hermana, nunca se siente mal y hoy llegó con un fuerte dolor de cabeza después de hacer una tarea con su amiga Paty

— Eso sí que es extraño, ¡Luqui enferma!

— De hecho nos estábamos enterando de su problema cuando llegó tu hermano y salimos para acá.

— ¿Y cómo está? ¿Qué se quedó haciendo?

— Dijo que se recostaría, que necesitaba descansar

— ¡Qué pena! Tantas ilusiones que tenía por estar presente en este momento

— Si hija, tu padre y yo estaremos un rato más, de verdad que estamos preocupados por tu hermana

— Sí mamá, entiendo, pero mira a tu nieta, parece que ya se le quitó el hambre

La familia siguió compartiendo aquellos momentos de dicha. Un rato más tarde Doña Amada y Don Agustín regresarían al lado de su pequeña Luqui. Mientras tanto, un malestar desconocido invadía el cuerpo de aquella adolescente confundida, el dolor de cabeza poco a poco fue cediendo de manera natural, el deseo de cenar al lado de sus padres pasó a segundo término, lo prioritario era estar sola. Ni siquiera se percató del verdadero motivo por el cual sus padres salieron, escuchó algo pero su mente estaba bloqueada, quería estar sola, no quería preguntas, quería comprensión y ser apoyada, deseaba privacidad en su recámara. No prestó atención a la causa por la cual se había quedado solamente ella en la casa, no lo supo de momento, pero lo agradeció infinitamente. Cuando sus padres regresaron encontraron a Luqui completamente dormida, se miraba muy tranquila, apagaron la luz y la dejaron que siguiera descansando. Ignoraban el tormento que estaba sufriendo su atribulada hija en esos momentos.

El sueño de Luqui fue un verdadero tormento, se encontró en un valle solitario, caminaba y caminaba sin salir de donde mismo, una cadena montañosa le impedía salir de ese valle hermoso pero solitario; muchas personas entraban y salían de él, solo las miraba. Al principio les hablaba pero no podían contestarle, se detenían un momento, la escuchaban y luego se retiraban por la única salida visible: un pequeño espacio entre dos grandes montañas que formaba una especie de sendero hacia otros valles. Después de un tiempo de tanto insistir y no recibir respuesta claudicó en su intento. Los que entraban la miraban, pero no podían entablar un sistema de comunicación efectivo. Trató de cruzar el sendero que conducía hacia la salida y cuando apenas iniciaba su recorrido aparecieron de la nada una gran cantidad de fantasmas que pronto le cerraron el paso, eran unos seres espectrales que aunque cerrara los ojos los seguía mirando, se burlaban de ella y la llenaban de terror, ¿quiénes eran estos fantasmas? ¿Qué razones tenían para cerrarle el paso? Apresuró su avance y aquellas apariciones eran más reales, una pared gigantesca formada por aquellos rostros indefinidos estaba más adelante, sus burlas se hicieron más intensas, regresó horrorizada al lugar donde antes estaba y desaparecieron. Luqui estaba aterrada, transpiraba intensamente, su frente estaba perlada de gotas de sudor y un temblor interminable recorría todo su cuerpo, lloró a grito abierto y nadie pudo ayudarla, miraban el sufrimiento que padecía pero eso era todo. Después de un tiempo intentó nuevamente abandonar su agradable prisión, pero los fantasmas la persiguieron de nuevo hasta que abandonó la entrada del sendero que la llevaría a la libertad. Muchas veces intentó cruzar, muchas veces soñó que lograba su cometido, pero en cada intento fue rechazada ¡Los fantasmas no dormían!

Por la mañana ella despertó temprano, a la hora de costumbre. Se arregló para asistir a la escuela. Su madre no preguntó nada, la observó tan alegre como siempre y consideró que era mejor que recibiera la noticia de su participación en el foro por parte de sus maestros; su padre ya se había marchado, era muy madrugador y el trabajo en las tierras así lo demandaba.

— Hija ya está listo tu desayuno

— Está bien mamá, enseguida voy, déjame terminar de guardar mi ropa de dormir

— Dice Lucía que en cuanto llegues de la escuela vayas a ver a tu sobrina que nació ayer por la tarde

— Qué ya nació pero, ¿por qué no me habías dicho mamá?

— Te lo íbamos a decir anoche, pero cuando regresamos de la clínica estabas bien dormida y no quisimos despertarte

— Mamá, ¿qué te parece si saliendo de la escuela me voy con mi hermana, ya quiero ver a la bebé

— Está bien hija, a esa hora le voy a llevar de comer y voy a poner un poco más para que coman juntas

— ¡Buena idea mamá! Me siento feliz

Luqui desayunó apresurada, quería salir de la escuela para correr al lado de su hermana. Deseaba tener entre sus brazos a la nueva integrante de la familia y felicitar a su hermana. Pareciera que la noticia le había regresado la tranquilidad que tanta falta le había hecho la tarde anterior. Se despidió de su madre quien se quedó en la cocina lavando la loza. Segundos después un grito prolongado y lleno de angustia la obligó a salir apresurada de la casa. Luqui gritaba inmóvil en la puerta de salida a la calle, un llanto abierto la dominaba y cuando Doña Amada la abrazó para preguntar qué le pasaba, sintió un temblor continuo que dominaba a su hija. Ya no preguntó, abrazada la condujo al interior de la casa y la sentó en la sala, Luqui no se calmó y señalaba el portarretratos invadida de pánico; Doña Amada lo recogió y ella empezó a temblar más fuerte. Ella no dejaba de señalar y la madre angustiada, sin saber que hacer lo cubrió con una servilleta que hasta entonces reparó que la traía entre sus manos. Cuando hizo esto, el llanto de Luqui cesó, ahora era un sollozo muy calmado, lloraba y no dejaba de mirar hacia la puerta de salida a la calle, la ventana permitía una vista generosa de todo el frente de su casa, su madre empezó a preguntar

— ¿Qué te pasa hija? ¿Te sientes mal?

— Sí mamá, me siento muy mal

— Pero, ¿qué te sucedió?

— No lo sé mamá, no puedo salir a la calle

— A ver, ¿cómo está eso?

— Es que no puedo acercarme

— ¿Cuál es la razón para que no puedas hacerlo?

— Los fantasmas mamá, los fantasmas

— Hija no te entiendo, pero si me explicas creo que podré ayudarte

— Te voy a contar mamá, pero dudo que puedas ayudarme

El sueño de la noche anterior fue escuchado por Doña Amada que no perdía detalle de todo lo que decía su hija. Luqui estaba serena, terminó su relato.

— Tal vez te quedaste muy impresionada y eso te esté afectando, no vayas a la escuela, quédate conmigo y a la hora de la comida visitamos a tu hermana

— Si mamá, creo que es lo mejor

— Si gustas ve a descansar a tu recámara y al rato te hablo

— No mamá, gracias, pero por favor llévate el portarretratos

— Está bien pequeña, como tú digas, lo pondré en otra parte

— No mamá, escóndelo, no quiero verlo, ¡Por favor!

— Muy bien hija, ya entendí, se hará como digas

— Te quiero mamá, gracias

La mañana se fue rápida, ambas deseaban estar en la clínica, prepararon la comida, hicieron planes para estar más tiempo con Lucía ya que estuviera en su casa. Llegada la hora tomaron los recipientes con la comida que habían preparado y al llegar a la puerta de salida Luqui volvió a gritar

— ¡Los fantasmas mamá! ¡Los fantasmas!

— ¿Dónde Luqui? No los veo

— Aquí están madre, no me dejan salir ¡Quítamelos! ¡No me dejan en paz!

— Está bien hija, vamos al interior de la casa

Luqui temblaba, su rostro era una expresión de pánico inexplicable. Doña Amada se mostraba preocupada, empezaba a comprender que lo de su hija era más grave de lo que ella pensaba. Nuevamente sentó y acomodó en la sala a su pequeña que seguía mostrando un miedo intenso que la mantenía temblando todavía. La madre angustiada empezó a sobar los brazos, las manos, el pecho de su hija, no sabía que más hacer. Luqui empezó a serenarse, empezaba a sentir que la pesadilla solo era un aviso de la realidad que viviría a partir de ese día, ¿qué le estaba pasando? ¿Sería algo pasajero?

— Madre, ya me siento mejor, vaya con Lucía y explíquele lo que me pasa, dígale que quiero conocer a la niña, que quiero abrazarla y felicitarla pero que no puedo madre, dígale que no puedo, explíquele usted por favor, dígale que no entiendo que es lo que me pasa

— Hija, no sé qué hacer, quiero estar con tu hermana y a la vez no quiero dejarte sola, creo que estoy asustada

— No madre, no se preocupe, yo estoy bien, me siento segura, mi problema inicia al querer cruzar la puerta, aparecen los fantasmas y me cierran el paso

— Pero es que yo no veo ningún fantasma

— Los fantasmas no están en la puerta para impedir el paso a todo mundo, son guardianes que no dejan que yo salga de mi casa, vaya con mi hermana madre, estoy bien, de verdad no me pasa nada

— Está bien, nada más voy, le explico a tu hermana y me regreso

— Mamá por favor, vaya con Lucía y coman juntas, yo estaré bien, ella necesita de su compañía, tiene que cuidar a la niña para que ella pueda bañarse

— En eso tienes razón, hija cuídate, no salgas de la casa, al rato vengo entonces

— Sí mamá, ayuda a mi hermana y dile que la quiero mucho, que ya conoceré a la nueva integrante de la familia

Doña Amada salió, sus pensamientos estaban confusos, quería estar con sus dos hijas a la vez y brindarles su apoyo, pero eso no era posible, tuvo que aceptar que Luqui tenía razón. Tomó nuevamente los alimentos y se dirigió a la clínica, ayudó a la nueva mamá para que pudiera asearse, comieron juntas y explicó lo que había pasado. Lucía se mostró desconcertada, conocía muy bien a su hermana y si no había podido acompañar a su madre era porque realmente algo grave le estaba pasando.

— Dile que no hay problema, que ya tendrá tiempo de conocer a la niña

— Yo le digo hija

— Sí mamá, si no pudo venir es por algo muy fuerte

— Estaba muy entusiasmada, me ayudó a cocinar, platicamos mucho y pensamos que lo de la mañana había sido algo pasajero; pero cuando se repitió de nuevo entonces sí empecé a ponerme nerviosa

— ¿Qué le pasa mamá?

— Pues dice que unos fantasmas sin rostro la persiguen en cuanto quiere cruzar la puerta que da a la calle, es algo muy intenso porque no puede contener el llanto y el temblor que le agarra sacude todo su cuerpo, su cara se llena de terror y se queda paralizada

— Creo que es algo fuerte mamá, a ver que dice mi papá

— Pues esperemos que él tenga una buena alternativa, no sé qué hacer

— Tranquila mamá, verás que ya que llegue mi papá van a

encontrar juntos una solución

— Eso espero hija; pero bueno, ya te alimentaste, la niña está bien y espero me comprendas pero ya quiero estar en la casa, quiero ver cómo sigue tu hermana

— Gracias madre, saluda a mi hermana y dile que mi hija está preciosa y por favor no te preocupes por mí, Julián vendrá temprano y dijo el doctor que hoy por la tarde podré retirarme a mi casa

— Eso sí que es una gran noticia, te dejo entonces y por la noche te veo en tu casa

— Claro, allá te espero y gracias por todo

Doña Amada salió apresurada de regreso a su casa, estaba impaciente por ver como se encontraba su pequeña. Al llegar la encontró sentada en la sala, no se había movido, tenía una mirada triste. No le cuestionó absolutamente nada. La abrazó muy fuerte y a través de esa muestra de cariño le hizo saber que siempre estaría a su lado. En los días siguientes sucedió lo mismo, cada vez que intentaba salir a la calle aparecían los seres espectrales que con su faz indefinida la aterraban y la martirizaban. Don Agustín sugirió que la visitara el médico, pero éste nada pudo hacer. Después de un tiempo la situación de Luqui se hizo rutinaria. Ella se quedaba en casa sola por las mañanas y su padre madrugaba hacia sus tierras mientras que Doña Amada tenía tiempo de desayunar con su hija antes de salir rumbo a la panadería de Don Roque.

¡Luqui aprendió a estar sola!

Aprendió a comunicar sus pensamientos a quien siempre la escuchaba: ¡El algodón silencioso!

Sus amigas la apreciaban, pero poco a poco se fueron distanciando, el certificado de la secundaria se lo enviaron a su casa, faltaba muy poco para terminar el ciclo escolar y los maestros le otorgaron una calificación alta sin presentar exámenes, todos ellos deseaban que una de sus mejores alumnas superara ese trance tan difícil por el cual estaba pasando. Paty nunca dejó de visitarla, en ocasiones tardaba hasta un mes sin verla pero siempre regresaba, era ella quien la tenía al tanto de lo que sucedía con sus antiguos compañeros.

Luqui abrió los ojos y regresó a la realidad, sonrió tristemente, sabía que no había superado sus miedos pero los acontecimientos pasados en los últimos días le habían hecho renacer sus esperanzas de ser una emprendedora de nuevo.

CAPÍTULO IX

LA CARTA DEL ABUELO

(En el alhajero sigo presente)

Aquella tarde Luqui se encontraba platicando con su padre bajo el árbol de algodón, había llegado temprano, la siembra de maíz mostraba un buen desarrollo y Doña Amada había salido a visitar a Quique y Alicia, su nieto estaba un poco enfermo debido a una infección en la garganta y quería verlo. Los mastuerzos seguían creciendo y el área del jardín empezaba a tomar un verde uniforme. Dos semanas más y Don Roque regresaría de su largo viaje, ¿qué noticias traería? ¿Cumpliría su ofrecimiento?

— Hija, creo que vamos a tener una muy buena cosecha de maíz

— ¡Qué bueno padre! Ya era hora de que la tierra te compensara tantos años de esfuerzo, siempre sales antes de que amanezca y regresas casi a la metida del sol

— Luqui, si quieres tener resultados en lo que te propongas debes estar dispuesta a luchar por ello

— Quiere decir padre que la vida es una constante lucha

— Si hija, pero existen dos formas de lograr tus metas mientras estés en este mundo

— ¿Cuáles serían esas formas?

— Bueno, pon mucha atención, la mayoría de la gente vive su vida sin un propósito definido, son personas que se la pasan insatisfechas, algunas muestran amargura, inconformidad o resentimiento. Tienen una casa, un trabajo y una familia, consideran que su meta es tener todo esto, pero viven insatisfechas y tienen conductas como las que te acabo de mencionar. En cambio son contadas las que tienen las mismas metas y viven felices por ello. Las primeras están en una lucha constante por salir al paso; pero las del segundo grupo se sienten felices por estar haciendo algo que les gusta, sienten satisfacción por tener una familia, se sienten orgullosos por contar con un techo para vivir y se sienten bendecidos por contar con un trabajo. La diferencia no es lo que tengas, puede ser mucho o puede ser poco, puede ser algo material, como una casa por ejemplo, o en su defecto algo sentimental como el amor de una familia, lo que marca esa diferencia es la forma en como lo obtienes o como vives el proceso para conseguirlo; cuando hagas algo hazlo porque realmente te guste.

— ¡Es cierto! Ahora que lo dices, cuando estaba en la escuela había una compañera que por lo regular se las arreglaba para tener casi puros dieces en la boleta de calificaciones; en cambio Patita siempre sacó dieces sin necesidad de copiar en los exámenes o de pedir tareas prestadas, ella era una estudiante feliz, participaba en clase y siempre estaba dispuesta a colaborar en los trabajos de equipo. Cada vez que los maestros nos daban a conocer las calificaciones de cada bimestre Patita se miraba muy contenta, en cambio la compañera de la que te hablo se mostraba insatisfecha, también tenía sus promedios altos, pero algo había en ella que parecía no hacerla feliz, ¿qué sería papá?

— Creo que lo entendiste muy bien, aquí me estás demostrando una misma meta conseguida a través de diferentes caminos, ¿cuál crees que es el correcto?

— ¡El de Patita papá!

— ¡Muy bien hija! Así como tu compañera que luchaba por las mejores calificaciones de una manera deshonesta así existen muchas personas, como te decía al principio, son personas que consiguen metas, pero el camino que eligieron para ello no les genera satisfacciones; es entonces cuando se da origen a un sentimiento muy negativo llamado envidia, cuando una persona experimenta un sentimiento de querer tener lo de otra persona generándose una sensación de dolor, es muy difícil vivir en paz, pues el logro de los demás siempre le estará provocando esa sensación de querer tener lo de otros

— Pero ella también tenía sus dieces papá

— Correcto hija, pero recuerda que la infelicidad de las personas es que ellas se sienten incapaces de lograr los mismos resultados de manera honesta, no es lo que logran, sino como lo consiguen

— ¡Qué triste!

— ¿A qué te refieres?

— A las personas que viven en esa situación, siento pena por ellas

— Existen muchas personas en el mundo que portan una máscara, van por la vida mostrando una felicidad que están muy lejos de sentir, parecen satisfechas por la vida que llevan pero muy en el fondo sufren este dolor

— ¿Y qué podría hacer una persona feliz para ayudar a alguien que vive en una constante insatisfacción?

— Mientras que la persona que sufra no reconozca que el origen de su dolor es su forma de pensar y de actuar, no se puede hacer nada. Por más que le digas no te lo va a reconocer y sí te ganarás su antipatía.

— Entonces siempre estarán viviendo de esa manera

— ¡No Luqui! La vida siempre te presenta oportunidades de crecimiento, cada amanecer tienes la opción de agradecer por lo que tienes o de fortalecer tus pensamientos negativos

— ¿Pensamientos negativos?

— ¡Si hija! Son esos pensamientos que te llevan a renegar porque amaneció y tienes que levantarte, amaneció y sabes que tienes que ir a la escuela o a trabajar; no importa lo que tengas que hacer, siempre estarás descontento

— Creo que te estoy entendiendo muy bien papá

— ¡Excelente! Esta mañana me desperté pensando en una rica cena y eso me generó mucha felicidad

— ¿Qué es para ti una rica cena papá?

— Pues una papitas a la francesa bien fritas con un pedazo de queso de rancho y sus frijolitos por un lado

— ¿Y las rebanadas de aguacate?

— Aunque no había pensado en eso también acepto esas rebanadas

— Oye papá, ¿qué te parece si nosotros preparamos la cena mientras llega mi madre?

— Me parece una buena idea, pero yo pelo y rebano las papas en tiras

— ¿Y la guisada?

— Eso te lo dejo a ti, me encanta tu sazón

— ¡Está bien padre! Vayamos a convertir en realidad tu pensamiento matutino

Padre e hija entraron a la cocina y se dispusieron a preparar el antojo matinal. Cuando llegó Doña Amada abrió la puerta de entrada y un olor proveniente del interior de la casa la hizo sonreír. Venía contenta, el pequeño Santiago estaba mejor. Entró y fue recibida con aplausos, la cena estaba servida.

— ¡Adelante mamá! Espero que traigas hambre

— Mucha, Santiaguito está mejor y se nos pasó el tiempo platicando

— A ver esposa querida, ¿estarías dispuesta a ser nuestra invitada especial en esta noche?

— ¡Será un gran placer esposo mío!

— ¿Y yo mamá?

— También hija. Será un honor acompañarlos en su exquisita cena

— ¡Gracias madre! Siéntate por favor

— Muy bien, cenemos entonces, huele delicioso

— Espera a que pruebes las papitas a la francesa que preparé

— Dirás que rebanaste papá

— Bueno, pero algo hice

La familia cenó en medio de bromas y risas, eran los momentos que más disfrutaban pues estaban juntos. La cena era un espacio para compartir el avance de la siembra, las novedades en la panadería o lo que ocurría en el pueblo. La cena era un momento especial, se compartían los alimentos y se recordaba con amor a Quique y Lucía que ya empezaban a sentir el fruto de su amor y el regalo más grande que la vida les podía dar: El milagro de los hijos. La plática después de consumidos aquellos alimentos se prolongó un poco más de lo normal. Se sentían tan a gusto que el reloj marcó las diez y media sin que se percataran de ello. Un bostezo de Don Agustín recordó que ya era tiempo de retirarse a descansar. Se despidieron y una vez que Luqui estuvo en su recámara se recostó y empezó a recordar a su abuelo, las palabras de su padre sonaban en su mente y entendió porque lo recordaba. Su padre le había hablado en forma muy parecida a Don Jesús.

Su mirada se detuvo como todas esas últimas noches en el alhajero que estaba sobre el tocador, recordó el momento tan doloroso en que lo había recibido. Sin una razón aparente empezó a platicar con el alhajero como si se tratara del abuelo.

— Si supieras abuelito como me haces falta. Extraño cada uno de los momentos en que estuvimos juntos, aunque no puedo ir al arroyo siempre tengo presente el ruido del agua al correr, los cantos de los pájaros y cada una de las veredas que recorríamos; también vienen a mi mente las madrigueras de los conejos y las ardillas, los nidos de las calandrias y los concursos de la piedra más redonda. ¿Te acuerdas cuando decidimos que el ganador sería el que encontrara la piedra más redonda y grande? Lo que más me gustaba es que no importaba el ganador, sino como disfrutábamos buscando esa piedra, reíamos sin parar a veces y no nos importaba el que los demás se nos quedaran viendo, ¿por qué muchos adultos no saben disfrutar de las pequeñas cosas que la vida les ofrece? Creo que gracias a ti puedo disfrutar de la compañía del algodón sin sentir que estoy mal, platicar con un árbol no es normal para la mayoría de las personas, pero yo pienso que como ser vivo es un ser en desarrollo y que aunque no entienda lo que le platico creo que es un gran compañero; me tacharían de loca si supieran como comparto mis alegrías y mis tristezas, es un amigo silencioso que me hace sentir bien cada vez que me comunico con él, en ocasiones con palabras habladas y en otras con palabras que solo existen en mis pensamientos. Tú comprenderías esto abuelo, pero la gran mayoría de los seres humanos no lo haría; creo que mi situación es especial y gracias a todos esos recuerdos que pasamos juntos he podido salir adelante, sin caer en depresiones causadas por la soledad que vivo a cada mañana; me siento dichosa abuelo y en lugar de lamentarme de lo que me pasa disfruto de este gran amigo silencioso, disfruto en ver cómo se desarrollan las plantas del jardín o espero con ansia los días nublados con un poco de viento. La felicidad es un estado interno abuelo, eso lo aprendí de ti, la felicidad es contagiosa cuando le permitimos que entre en nuestro corazón, me siento dichosa abuelo a pesar de lo que estoy viviendo, soy feliz gracias a ti abuelo, porque supiste inculcar tus conocimientos en mi padre y hoy lo comprobé: me habló como lo hacías tú. Cada momento a tu lado vive en mí abuelo, pero me haces falta, te necesito. Este alhajero es el recuerdo material que siempre me llevará a evocar esos momentos compartidos, lo conservaré todo el tiempo.

Luqui tomó el alhajero y lo acarició con infinita ternura. Había expresado los sentimientos hacia su abuelo que tantas veces había pensado. El pequeño mueble le recordó los últimos instantes de vida de su gran amigo, visualizó perfectamente cuando le peinaba su cabello con sus dedos y de cómo entrelazaba sus manos con las suyas. No era un recuerdo que le causara dolor, era una comunión entre dos seres que se quieren aunque jamás vuelvan a estar físicamente juntos en la tierra. Abrió las dos pequeñas puertas y notó que la panilla roja que cubría el interior estaba muy abultada, pareciera que escondía algo, lo único que contenía era la carta de Omar Alejandro, nunca había querido guardar otra cosa, quería conservarlo tal y como se lo dio el abuelo.

Empezó a tocar aquel fondo abultado y notó que se trataba de un papel doblado, ¿qué sería? Siguió palpando y la certeza de que algo se ocultaba bajo el forro empezó a generar incertidumbre. Ya no quedaba la menor duda, algo se ocultaba, con mucha paciencia empezó a rasgar la panilla, una abertura mostró que una hoja perfectamente doblada había permanecido oculta durante mucho tiempo, ¿qué misterio encerraba?

Una vez que pudo sacar el papel notó que los dobleces estaban bien marcados, era un doblez hecho con esmero. Comenzó la tarea de volver a su forma original el papel descubierto en esos momentos, uno a uno cada doblez iba cediendo al formato original, para sorpresa de Luqui, que sentía que la respiración se le cortaba por la emoción, no se trataba de una hoja, sino de dos, cuando por fin terminó lo primero que leyó fue:

"Para mi querida Luqui"

Se trataba de una carta especialmente para ella, eran dos hojas escritas por los dos lados con letra pequeña de fino trazo. Empezó a leer con temor de ser descubierta, como cuando un niño hace una travesura y teme ser sorprendido por algún adulto.

"Para mi querida Luqui:

Cuando tengas esta carta entre tus manos yo estaré reunido con tu abuela, es una ley natural, todos tenemos un tiempo prestado en este mundo; no quiero que te pongas triste, no es mi intención. Seguramente te estarás preguntando ¿Qué razones tuvo el abuelo para no entregarme la carta personalmente? Y otro cuestionamiento que te habrás hecho muchas veces es ¿Cuál será la razón de que yo no conociera este alhajero? Todo tiene una respuesta. El alhajero es un regalo que hice a la abuela en nuestro primer aniversario de novios, a tu padre le faltaban tres años para nacer; éramos una pareja muy feliz, disfrutamos cada instante de vida que permanecimos juntos, entre nosotros no había secretos y cuando supimos que tu madre estaba embarazada nos emocionamos mucho, sentíamos mucha alegría de saber que Agustín iba por su tercer hijo ya que tu abuela y yo solo pudimos concebir a tu padre, lo miramos crecer y una pregunta que siempre nos dolía era: "¿Por qué no tengo hermanitos? Todos mis amigos tienen"; la única respuesta que podíamos darle era que nos tenía a nosotros, lo abrazábamos y se olvidaba de todo, fue un buen hijo. Recuerdo que nos poníamos muy felices de imaginarnos el momento en que te tomaríamos en nuestros brazos; tu abuela te hacía cariños cada vez que platicaba con tu madre embarazada, se desvivía por ti, pareciera que iba a ser abuela por primera vez, nunca la había visto tan ilusionada.

Los meses pasaron y justo unos días antes de que tú nacieras la abuela se puso mala, enfermó de algo que llaman pulmonía, dicen que fue fulminante, no duró tres día en cama, se fue pronto y antes de ello me hizo un encargo: "Cuida de mi nieta y entrégale el alhajero" ¿Cómo supo que serías una hermosa niña? Jamás lo supe, pero no se equivocó. Su partida me dejó una herida que nunca cerró, pero tu venida a este mundo me llenó de alegría, te convertiste en el bálsamo que calmaba mis penas, hiciste el milagro de que volviera a sonreír, diste ilusiones a mi existencia y me enseñaste que la vida se debe vivir con entusiasmo. Aprendí que la edad no es una barrera para ser amigos, que la vida es una oportunidad que debemos aprovechar al máximo ya que nadie sabe el momento exacto de su partida; aprendí que cuando alguien se nos adelanta debemos desearle lo mejor y tener la certeza de que algún día nos reuniremos con esa persona; pero sobre todo me enseñaste que la sencillez es un ingrediente necesario para ser feliz, me di cuenta de que mucha gente se complica la existencia cuando es tan fácil vivir en paz, la gente confunde la riqueza con felicidad, se pasan toda una vida luchando por una riqueza material y una vez que la consiguen es para darse cuenta de que están solos; está bien luchar por tener una gran casa, propiedades en abundancia o dinero acumulado, lo que está mal es que tengas que sacrificar familia y salud para poder lograr bienes que tendrás que dejar al momento de tu partida. Si logras tener todo lo que quieres sin perder el amor de tus hijos o de tu esposa, si llegas a la cumbre del éxito que te propusiste sin padecer alguna enfermedad causada por ese logro, entonces eres una persona afortunada, porque conservaste lo verdaderamente importante: tus hijos, tu esposa y tu salud. Gracias mi pequeña por haberme dado tanta felicidad.

Al verte crecer pensé muchas maneras de entregarte el alhajero, algo muy sencillo sería habértelo dado como un regalo de parte de tu abuela, pero haberlo hecho me hubiera causado una gran tristeza, era el único recuerdo que tenía de ella en sus últimos momentos y me dolía separarme de él, pensé en dártelo cuando las fuerzas me empezaran a fallar, pero tampoco me animé; entonces decidí escribir esta carta, sabía que una vez que partiera para siempre alguien lo encontraría y te lo entregaría, aunque mi sueño es dártelo personalmente, no sé si pueda lograrlo, pero déjame decirte que nunca me sentí egoísta por no ponerlo en tus manos desde que murió tu abuela; no pido perdón por ello, más bien imploró a tu comprensión. Todas las noches sacaba el alhajero y platicaba con él, imaginaba que le hablaba a la abuela y me sentía dichoso de compartirle todas las alegrías vividas a tu lado, imaginaba que ella sonreía desde donde quiera que se encontrara y que estaba de acuerdo en que lo conservara un poco más de tiempo. No hubo una noche en que me acostara sin haber platicado; ni un día que me levantara sin el deseo de verte. Mi cariño por tus hermanos era igual, siempre los abracé, los besé y les hice cariños como a ti, pero crecieron y su derecho a juntarse con niños de su edad jamás lo rebasé; pero tú fuiste diferente, te acercaste a mí y no me dejaste, jugabas con tus amiguitos pero siempre regresabas a mi lado, era un abuelo afortunado, la mayoría de los viejos solo somos escuchados por los niños, los adultos nos relegan, se enfadan de escuchar siempre las mismas historias, pero tú siempre estabas dispuesta para ello, aunque no hubo mucha necesidad de repetir los mismos relatos, eras tan inquieta que no había lugar para ello. Las competencias por sacar la piedra más redonda, el buscar el nido de la calandria, el encontrar primero al conejo, el caminar por las veredas antes de meternos al arroyo fueron experiencias vividas intensamente, eso me daba vitalidad para seguir en este mundo, eso me enseñaba que tener una razón para vivir era suficiente para dar gracias cada despertar. ¡Gracias mi pequeña Luqui por tantos momentos dichosos!

Si para cuando leas esta carta no fuimos a la laguna para ver los patos que vienen cada año, quiero decirte que unos cien metros antes de que desemboque el arroyo existe un lugar secreto que nadie conoce, mucha gente ha pasado por esa parte, pero desconocen el sitio exacto, cuando vayas y estés en esa ubicación lo vas a identificar inmediatamente, es un lugar en donde tu abuela y yo pasamos muchos momentos felices, nos gustaba ese lugar por la tranquilidad que reinaba siempre, pero sobre todo porque en ese lugar estampamos nuestras iniciales en una gran roca. Antes los paseos de recreo se hacían a la laguna, a la gente le encantaba pasar el día disfrutando de esa vista espectacular que tiene, pero el arroyo fue ganando popularidad debido a la cercanía del pueblo. En la laguna encontrarás respuestas.

Espero que esta pequeña herencia de tu abuela te sirva para recordar que simboliza el amor que nos tuvimos siempre; que fue un gran compañero en mis momentos de soledad y que hoy pasa a ser tuyo como una muestra de un gran cariño por parte nuestra, donde quiera que nos encontremos estaremos felices de saber que nunca dejaste de luchar por tus sueños. No quiero despedirme sin antes decirte que cuando empecé a escribir estas líneas eras una niña en su primer aniversario y que año tras año las modificaba   destruyendo la carta anterior; pronto crecerás y te convertirás en una hermosa jovencita y cuando menos lo pienses serás parte de la comunidad de los adultos; quiero decirte que a medida que vayas creciendo la vida te presentará nuevos retos a vencer, en ocasiones tendrás que luchar contra la envidia de las personas, en otros momentos te enfrentarás a conflictos internos en donde te sentirás desubicada o los problemas propios de tener que enfrentar nuevos retos cada   día. Conozco tu gran capacidad para hacer frente a cada situación que se te presente y de todas formas tendrás momentos en que no sabrás que hacer, no estaré a tu lado, pero quiero que grabes en tu mente que la primera acción que debes tomar en cuenta es mirar hacia tu interior, las personas en su mayoría buscan fuera lo que muchas veces se encuentra dentro; si alguien te quiere hacer sentir infeliz y lo logra no será porque sea más poderosa que tú, sino porque tú se lo permitiste. En ocasiones te cegarás a una realidad y sentirás que tu problema es tan fuerte que no tiene solución, cuando eso suceda recuerda que siempre habrá alguien dispuesto a tenderte la mano, pero te sentirás tan acorralada que no la verás, rechazarás esa ayuda; que esto no pase contigo, busca en tu interior y no permitas que otras personas vacíen sus amarguras en ti, busca en tu interior y si no puedes hallar el camino correcto entonces busca a tu alrededor y está atenta para cuando esa mano se extienda frente a ti, y por favor nunca dejes de sonreír, sigue contagiando al mundo con tu alegría y encuentra tu motivo para ser feliz cada día, recuerda que los problemas no son obstáculos a vencer, sino experiencias que jamás debemos repetir si no logramos los resultados propuestos, los problemas son pruebas para fortalecer el carácter sin perder nuestro espíritu de gratitud. Agradece siempre por un día más de vida.

Te deseo lo mejor y recuerda que siempre existirá alguien dispuesto a ayudarte o tal vez siempre habrá alguien dispuesto a recibir tu ayuda".

ATENTAMENTE

EL ABUELO QUE TE QUIERE

Luqui lloraba sin poder contener la gran cantidad de lágrimas que se deslizaban por sus mejillas, las palabras escritas en aquella misiva aclaraban la última frase del abuelo: "En el alhajero sigo presente" Entendió que si aplicaba las recomendaciones leídas minutos antes, podría encontrar un sentido más firme a su vida. Recordó como luchó contra los carceleros que le impedían salir de su casa sin poder vencerlos, sintió como un latigazo de luz en el cerebro cuando comprendió como había empezado a tener nuevas ilusiones por luchar en contra de los crueles fantasmas que siempre estaban presentes al momento de intentar romper la cortina que la separaba de una vida tan normal como las demás personas. Las palabras del abuelo, ahora caía en cuenta: Siempre Existirá Alguien Dispuesto A Ayudarte Si Tú No Puedes Superar Tus Miedos. ¿Qué respuesta encontró Luqui en esa frase?

La cortina de humo empezaba a disiparse, si ella no había podido lograr tener el éxito deseado, entonces era momento de buscar a ese alguien dispuesto a ayudarla. No era casualidad, ella era una luchadora incansable, se había rendido ante la vista de quienes la rodeaban, pero en su mente siempre existió esa llamita de esperanza, ahora comprendía, sus sueños no eran casualidad, eran una respuesta de su interior, eran su deseo de querer salir del encierro al que estaba encadenada. Tenía mucho por hacer, sus sobrinos ingresarían pronto a la escuela de preescolar, la oportunidad de culminar sus estudios preparatorios estaban en puerta, Omar Alejandro se aparecía de nuevo en su vida, el grupo de secundaria se reuniría por primera vez después de casi cinco años. El llanto de tristeza se convirtió poco a poco en una risa con llanto, la felicidad estaba regresando de nuevo a Luqui. Ahora sus pensamientos estaban enfocados en esas cuatro razones para salir adelante, por fin comprendió que se necesitan motivos para luchar, que se requiere de valor e inteligencia para enfrentar retos y culminar metas. El primer paso estaba dado, había identificado cuáles serían las verdaderas razones para enfrentar valerosamente a sus carceleros mentales. Se miró llevando a sus sobrinos a la escuela, se sintió feliz de verse platicando con Omar Alejandro por las veredas que serpenteaban el arroyo; escuchó la risa de sus amigas de secundaria que estaban bajo la fronda de los árboles o mojándose los pies en el arroyo y la embargó una sensación de tranquilidad cuando visualizó el certificado de preparatoria en sus manos.

Luqui dobló nuevamente las hojas, lo hizo muy lentamente, sus pensamientos fluían de manera diferente, sentía mucha paz por las palabras del abuelo; los anhelos de salir adelante tomaban fuerza. Después de que las dos hojas quedaron perfectamente dobladas las metió a su lugar de origen, cerró las puertas del alhajero y se dispuso a dormir. Fue una noche de paz, recordó muchos momentos de su infancia y por la mañana se levantó más temprano, quería comunicar la noticia a sus padres.

— ¡Buenos días Luqui! Es muy temprano todavía

— Si papá, pero no puedo esperar hasta que regreses. ¡Buenos días papá! ¡Mamá buenos días!

— ¡Buenos días hija! Creo que te caíste de la cama

— No mamá, les tengo una gran noticia

— No entiendo, explícame por favor (Don Agustín estaba ansioso)

— Bueno, (Sonriendo) es que quiero decirles algo, anoche antes de acostarme tomé el alhajero entre mis manos, siempre lo hago y a veces platico con el abuelo. Siento que al hacerlo él está conmigo. Pues bien, lo único que tengo guardado en uno de los cajoncitos es una carta de un amigo de la secundaria

— ¿Quién es ese amigo tan especial hija? Nunca nos habías platicado (Preguntó su padre con una sonrisa maliciosa)

— Es un buen amigo papá, (Sonrojándose) lo que pasa es que me la envió aquel día en que me puse mal en la secundaria y desde entonces la tengo guardada

— No te preocupes hija, siempre hemos respetado tu intimidad, sigue con tu relato

— ¡Gracias papá! (Recobrando su alegría) Como les decía tengo un gran cariño por ese regalo y anoche abrí las puertecitas y algo llamó mi atención, el fondo de esa parte parecía un poco abultado, casi no se notaba, pero al pasar mis dedos sobre esa superficie noté que algo se encontraba oculto, rasgué la panilla roja que cubre su interior en una de las orillas y encontré una carta de dos hojas escritas por los dos lados, era una carta del abuelo dirigida a mí

— No me extraña hija, Don Jesús era muy detallista, siempre tenía las cosas en su lugar y nunca se enojaba cuando llegaban tus hermanos de pequeños a jugar con todos los adornos que tenía Doña Esperanza y si los quería regañar él me decía: "Son niños Amada, son niños, déjalos, cuando se vayan yo acomodo todo, así sonrío mientras termino de ordenar, pues es la mejor alegría que los viejos podemos recibir: la visita de los nietos. Si todo está donde mismo es que nadie pequeño nos visita, los niños son la alegría,

¿acaso nunca has reído con sus travesuras, aunque después les llames la atención?" Y con estas palabras siempre me desarmaba, tus hermanos corrían entonces a abrazar a Doña Esperanza y a Don Jesús.

— Es cierto, el alhajero siempre estuvo en el tocador de su recámara, recuerdo que mi madre lo limpiaba todos los días con una franela roja muy desgastada. Ella era muy feliz y cuando le pregunté en una ocasión la razón por la que tanto lo cuidaba me dijo: "Este alhajero es el más hermoso regalo de tu padre, me lo dio tres años antes de que nacieras tú, fue como mi anillo de compromiso, me lo entregó en un lugar muy especial para los dos, desde ese día en ese lugar están las iniciales de los dos como símbolo de nuestro amor, tu papá es el hombre más detallista que conozco y me siento muy orgullosa de él". Nunca me dijo la ubicación de ese lugar secreto y nunca me atreví a preguntarle a mi padre, pues consideré que era algo muy íntimo entre ellos; aunque me hubiera gustado conocerlo

— Ese era mi abuelo, ¡Cuánto lo extraño! Pero bueno, la carta es muy hermosa, es una carta llena de consejos y confesiones en donde confirmo todo lo que ustedes me acaban de decir

La conversación se prolongó por unos minutos más donde todos hicieron remembranzas de los abuelos, Luqui sabía poco de Doña Esperanza y aprovechó para informarse un poco más sobre algunas anécdotas de ella. Después de un tiempo Don Agustín expresó su compromiso de retirarse.

— Bueno creo que ha sido una mañana muy provechosa, pero ya es hora de irme al trabajo, la milpa empieza a jilotear y tengo que empezar a regar, así que llegaré un poco tarde

— Qué te parece si nos vamos juntos, recuerda que en estos días tengo que salir un poco más temprano rumbo a la panadería

— ¡Claro mi amor! Vámonos juntos, así platicamos un poco

más

Se despidieron de su hija con un abrazo y un beso. Los tres se sentían felices. Luqui los observó marcharse desde la puerta de la casa y cuando cerraban la reja que da a la calle gritó a Don Agustín sin pensarlo, fue algo espontáneo.

— Papá, pronto te llevaré a ese lugar secreto, yo sé la ubicación

— ¿De verdad hija? (Asombrado)

— ¡Claro papá! Yo los llevaré a los dos

Pronto desaparecieron a la distancia y ella entró a iniciar sus labores de diario. Luqui no comprendió que había hecho una afirmación: "Yo los llevaré a los dos" ¿Qué estaba pasando en su interior que la llevaba a actuar de esa manera?

CAPÍTULO X

EL PASO DE UN EMPRENDEDOR

(Equivocarse está bien, intentarlo de nuevo es mejor)

El domingo amaneció con el cielo limpio, las nubes estaban ausentes y muy temprano llegó Lucía, Julián y la pequeña María de los Ángeles o Angelita como todos le decían. Casi al mismo tiempo se presentó Quique, Alicia y Santiaguito. La familia se reunía desde temprano, era el domingo que Luqui más disfrutaba, estaba encantaba de jugar con sus dos sobrinitos quienes la querían mucho. Sus padres se sentían muy orgullosos por la familia que habían formado, los nietos crecían y ellos estaban al pendiente, ayudaban en lo que podían cuando se presentaban dificultades, eran felices. Luqui se encontraba jugando con los pequeños mientras los adultos platicaban en el interior de la casa.

— Bueno, ¿qué vamos a comer ahora? (Preguntó Enrique)

— Nosotros trajimos espárragos y pechugas (Comentó Lucía)

— Excelente, ya me imagino pero, ¿quién la va a preparar?

— Por eso no te preocupes cuñado, que te parece si Don Agustín y tú me ayudan

— Por mí encantado, ¿qué dices papá?

— Pues yo con todo gusto, pero solo me comprometo a decirles donde están las cosas que ocupen, los cocineros son ustedes

— De acuerdo papá, pero no somos cocineros, vamos a ser chefs, ¿Qué vamos a preparar Julián?

— Que les parece si cocinamos unas pechugas en crema de espárragos acompañadas de un puré de papas

— ¡Ese es mi esposo! (Dijo Lucía abrazando a Julián) ¿Hay papas mamá?

— Si hija, en el refrigerador hay bastantes, tu padre las trajo ayer, que tomen las que ocupen

— Bueno pues tú dices Julián en que te ayudamos

— No Alicia, ustedes van a descansar, con estos dos ayudantes creo que es más que suficiente, ustedes serán nuestras invitadas especiales a comer

— Muchas gracias Julián, estaremos ansiosas por dar el visto bueno a esas pechugas. Creo que alguien tendrá mucha hambre más al rato, miren (Alicia señaló hacia la ventana)

— Tienes razón, Luqui va a devorar lo que le sirvan (Dijo Doña Amada)

Todos rieron, mientras allá, afuera, se podía observar a la tía convivir con sus sobrinitos, estaba tratando de improvisar un columpio en el algodón con una soga que había traído su padre. Los niños gritaban emocionados, le preguntaban cosas y ella contestaba sonriendo. Era una imagen hermosa, sin decir palabra todos recordaron al abuelo, él siempre estaba dispuesto a jugar con los nietos y nunca se quejaba de las travesuras que hacían. Cada vez que miraban a Luqui era un recuerdo obligado.

— Tía, ¿nos vamos a poder subir los tres?

— No Santiaguito, primero se sube uno y luego le tocará el turno al otro

— ¿Yo seré la primera tía?

— ¡Pues sí! Las damas primero, ¿estás de acuerdo Santiaguito?

— ¡Sí! Pero un ratito y luego yo

— ¡Muy bien! Pero recuerden que tenemos todo el día para que los pasee, así que no se desesperen, déjenme asegurarlo bien

— ¡Sí tía, sí! Ya queremos pasearnos, ya quiero que se suba

Angelita para que me toque a mí

— De acuerdo, pero antes me los voy a comer a besos, me los voy a comer a besos.

— No tía no, mejor que se suba Santiaguito primero, pero no me comas

Era un juego que siempre hacían, cuando escuchaban la frase "Pero antes me los voy a comer a besos", era la señal para correr, se sentían perseguidos y Luqui fingía no poderlos alcanzar, al final ella los atrapaba y los cubría de besos por todo el cuerpo, los levantaba y en cada beso que les daba simulaba un mordisco, ellos sentían cosquillas y se negaban a ser comidos.

— Mírenlos, creo que en lugar de dos niños los domingos de familia convierten a nuestra hermana en una niña más

— Tienes razón Quique, nuestra hermana es grandiosa, les tiene mucha paciencia, nunca se cansa de jugar con ellos

— Bueno, pero mucho ruido y pocas nueces, pasemos a la cocina, creo que esta comida que vamos a preparar saldrá deliciosa y aunque todavía no tengo hambre ya quiero probarla

— Claro suegro, vayamos a la cocina

— Bueno, pues mientras ustedes ponen manos a la obra nosotras esperaremos ansiosas aquí en la sala, tengo muchas cosas que platicar con Lucía y Alicia

Los hombres pasaron a la cocina comedor que era mucho más amplia que la sala, la mesa principal era de ocho sillas de madera tallada y un antecomedor pequeño. Las mujeres se quedaron conversando y Julián empezó a organizar las actividades culinarias, los ayudantes estaban atentos a cada indicación recibida.

— Bueno, empecemos con los ingredientes, aquí tengo la pechuga y los espárragos, Don Agustín, mientras fileteo las pechugas usted saque las papas, el aceite de oliva, mantequilla, media crema, un poco de vino blanco y tú Quique pela las papas y pica un poco de cebolla

— Muy bien cuñado, pero no se te hace que son muchas pechugas

— De ninguna manera, lo que pasa es que trajimos un kilo extra para dejarlo aquí y que lo prepare Doña Amada como guste

— Muchas gracias Julián, no se hubieran molestado

— De nada suegro, lo hacemos con gusto, además fue una propuesta de Lucía, así que si quiere agradecer dígale a ella, pero le va a contestar lo mismo

— De todas formas lo agradezco

— Oye Julián, ¿dónde aprendiste a hacer tantas comidas? Tú eres un gran mecánico industrial y eso no tiene nada que ver con la cocina, además todo te queda bien sabroso, creo que Lucía debería de trabajar y tú encargarte de la casa

— Así estoy bien, me gusta mi trabajo, pronto pondrán una procesadora de alimentos en la región y ya me hablaron para que sea quien de mantenimiento a todas sus máquinas, me gustó la idea, así ya no tendré que viajar tan lejos. ¡Que la cebolla te quede bien rebanada! Por otro lado mi mamá siempre trabajó en la cocina de un hotel de la capital y en sus días libres nos preparaba distintos platillos, yo era el más chico de cinco hermanos y todo el tiempo estaba a su lado cuando preparaba los alimentos, la ayudaba y así fue como aprendí a cocinar

— Aprendiste muy bien cuñadito, ¿cuándo visitarás a tu familia?

— Pues Lucía y yo estamos planeando ir el próximo verano, estaré libre quince días y queremos aprovechar antes de que

Angelita ingrese al preescolar, además es un viaje de trece horas por lo que pensamos estar una semana en casa de mi mamá e ir a visitar a mis hermanos, todos ellos viven en la capital

La preparación de la comida tomó un inicio muy acelerado, la plática se tornó interesante y todos contribuían bajo la dirección de Julián, quien demostró haber aprendido muy bien los secretos de cocina en sus años de infancia. Las mujeres por su parte también estaban muy en su papel esperando la indicación para pasar al comedor, sabían que tardarían buen rato, así que no estaban apuradas por tocar un tema en específico, dejaban que la conversación tomara cualquier rumbo.

— Me encanta ver feliz a Luqui, aunque tenga años sin salir de casa me contagio de su alegría cada vez que la veo, soy muy afortunada de tener una cuñada así

— A mí me pasa lo mismo, es una persona muy sensible y siempre está de buen humor, desde pequeña cuando jugaba con nosotros parecía que era de la misma edad, aunque yo la llevo con cinco años y Quique con seis, siempre se mostró muy madura

— Es cierto, ¿se acuerdan cómo se comportó cuando se casaron ustedes?

— ¡Cómo olvidarlo! Todos pensábamos que se iba a soltar llorando y fue la que más disfrutó de la fiesta. Creo que usted lloró más que nosotros suegra

— Y como no llorar hija, fue una boda doble y aunque sabía que ganaba dos hijos, parecía que los perdía, no te imaginas lo que sentí cuando al siguiente día no miré a Lucía y a Quique en la casa, lloré mucho y las palabras de consuelo vinieron de Luqui, tenía catorce años, pero ya comprendía muchas cosas y eso gracias al abuelo

— Qué bueno mamá que nuestras bodas fueron justo antes de que ella empezara a vivir en esta prisión. A veces siento que así lo ve ella, se muestra alegre pero siento que muy en su interior tiene deseos de ser una joven normal.

— Recuerdo que Don Jesús tenía dos años de haber fallecido, todos la mirábamos muy serena, respetábamos su dolor porque ella siempre ha sido así, muy equilibrada. Sabe comportarse, mi cuñada siempre me inspira serenidad y me contagia de su alegría constante.

— Por cierto, Luqui encontró una carta de Don Jesús escondida en el alhajero que le regaló el día de su muerte

— ¿Una carta mamá? ¿Cómo es que no se había dado cuenta?

— Lo que pasa es que la carta estaba oculta bajo el forro de panilla roja que cubre el interior donde están las dos puertecitas

— ¿Cómo se enteró de que era una carta Doña Amada?

— El alhajero siempre ha estado en el tocador de su recámara, pero dice que en las últimas fechas lo toma entre sus brazos y platica con él como si fuera su abuelo, yo la comprendo, es mucha su soledad y la única que la visita es su amiga Paty, en ocasiones me encuentro a muchachos con los que estudió en la secundaria, me preguntan por ella, le envían saludos y eso es todo, antes las visitas eran frecuentes. Volviendo a lo de la carta, después de abrir aquellas puertecitas notó lo abultado del fondo y palpó con sus dedos, se dio cuenta de que algo había bajo aquel forro y el resultado es esa carta

— ¿Qué decía la carta mamá?

— Dice que es una serie de consejos y confesiones de Don Jesús, tu padre y yo nos reservamos el preguntarle por el contenido de dicha carta, siempre le hemos respetado su privacidad, pero después de que la leyó se muestra muy contenta

— ¡Qué bueno Doña Amada! Me da mucho gusto por ella

— Oigan, (Señalando hacia la puerta del cerco) tenemos visitas

— ¿Quiénes son mamá?

— Pues es Patita, creo que uno de ellos es su novio pero no estoy segura de quien de los dos sea y el otro joven pues tal vez sea un amigo que los acompaña

— A ver esos chefs, creo que les llegó más trabajo, vengan a asomarse a la ventana, papá, hermano, mi amor, vengan rápido

Los tres cocineros corrieron a asomarse por la ventana, tres potenciales comensales estaban saludando efusivamente a Luqui y a sus sobrinitos. Todos se alegraron de la llegada de aquellas visitas inesperadas, con el hecho de ver como los recibió fue suficiente para que fueran aceptados de inmediato, Paty era como de la familia, desde la infancia visitaba a Luqui, ignoraban quienes fueran los dos muchachos pero se alegraron.

— Ni modo Don Agustín, creo que se quedará sin pechugas para la semana

— Qué le vamos a hacer Julián y yo que las quería preparadas en unas enchiladas suizas

Todos rieron ante el comentario del jefe de la casa, volvieron a la cocina entre bromas mientras que Doña Amada, Lucía y Alicia tomaban asiento de nuevo. Desde ahí podían observar el desarrollo de todo lo que sucediera bajo el algodón.

— ¡Luqui amiga! Aquí estamos de nuevo

— ¡Pasen! Está es su casa ya saben

— ¡Gracias amiga!

— Hola Luqui, ¿cómo estás? (Preguntó Raúl Alberto)

— Muy contenta, gracias

— Luqui, ¿te acuerdas que te comenté de Omar Alejandro?

— Sí, lo recuerdo muy bien

— Pues permíteme presentarte al nuevo Omar Alejandro

— Hola Luqui, ¿Te acuerdas de mí?

— ¡Claro que sí! Aunque no te reconocí de momento, has cambiado mucho

— ¿Para bien o para mal?

— Para bien creo, estás muy alto, eres adulto, ya no te pareces al jovencito inquieto de la secundaria, bienvenido y gracias por tomarte la molestia de venir a esta tu casa y ahora Omar Alejandro y Raúl Alberto, quiero presentarles a mis sobrinitos, ella es Angelita y él es Santiaguito

Los niños se portaron a la altura, saludaron de mano y con un abrazo a los recién presentados lo mismo que a Paty. Los jóvenes tomaron entre sus brazos a los pequeños y conversaron un rato con ellos mientras que las dos amigas platicaban en voz bajita.

— ¡Esto sí que es una sorpresa! ¿Cómo supo Omar Alejandro que ustedes vendrían a visitarme?

— Muy sencillo amiga, me preguntó unas cien veces lo mismo durante los últimos siete días, ¿te parece guapo?

— Patita eso no se pregunta y menos en estos momentos, pero por ser tú, te lo diré: ¡Está hermoso!

— ¡Qué bueno! Él piensa lo mismo de ti

— Pero si ni me ha visto

— Eso crees tú, dice que siempre pasa por tu casa y te mira sentada bajo este árbol, pero no te das cuenta porque parece que estás dormida

— Entonces sí creo que haya pasado

— Cambiemos de tema, luego platicamos nosotras, solo quería estar segura de no incomodarte

— Gracias Patita ¡Tan prudente como siempre!

Los niños pidieron permiso a su tía para ir al interior de la casa, tenían sed y querían tomar agua. Luqui acarreó unas cubetas de plástico con las que regaban las plantas cuando les preparaban un fertilizante líquido para que se desarrollaran mejor, las puso boca abajo y cedió las dos sillas a los jóvenes, éstos se negaron y finalmente ella y Paty fueron las que ocuparon las mecedoras. La convivencia entre ellos pronto se tornó de franca camaradería, parecía que todo el tiempo se reunían bajo ese árbol; la mañana pasaba rápido, hubo risas y en un momento dado, se tocó el punto de la situación que vivía ella en su encierro.

— He sabido que todavía sigues sin salir de casa, lamento mucho tu situación, pero si en algo puedo ayudarte, con mucho gusto me ofrezco para ello

— Te lo agradezco Omar Alejandro, pero mis intentos por cambiar lo que me pasa, han sido en vano, no puedo lograrlo

— ¿Qué es lo que te atormenta?

— Si me permiten, les voy a contar la historia, lo único que pido es que si lloro no me interrumpan, Patita sabe todo lo que me pasa, pero ustedes no y como siento que ya los quiero voy a compartir lo que he vivido desde hace casi más de cuatro años

Los jóvenes escucharon atentos la terrible historia de los fantasmas sin rostro definido, el sueño que tuvo cuando se sintió atrapada en aquel valle rodeado de grandes montañas, los intentos por franquear aquella puerta del cerco de la casa. No ocultó nada, se sintió bien, necesitaba confiar en alguien aparte de su familia y consideró que era el momento adecuado. Hubo partes en que tuvo que detenerse debido al llanto, no fue interrumpida, respetaron su petición. Omar Alejandro estaba asombrado, escuchó cada detalle del relato pensando en lo terrible que sería llevar una vida así, su admiración por la joven de sus sueños creció todavía más y si en él estaba el poder ayudarla lo haría con mucho gusto; comprendía que antes de declarar sus sentimientos tendría que unirse al esfuerzo que su amada estaba haciendo por vencer ese obstáculo tan grande y que parecía infranqueable, la determinación de Luqui y su manera de enfrentar su situación lo embargaba de una sensación protectora, quería ayudarla, pero ¿De qué manera? ¿Cómo enseñarle el camino de una solución verdadera? El relato estaba por concluir.

— …Y esta ha sido mi vida desde que iba a cumplir mis quince años, la única esperanza que tengo es la propuesta de Don Roque, espero que pueda traer a la persona de la cual me habló. No me molesta estar en mi casa todo el día y la noche, pero quiero mi libertad, deseo ser una persona tan normal como ustedes, conocer otros lugares, estudiar y tantas actividades que se desarrollan en la actualidad propias de los jóvenes. Ustedes me han dado fortaleza, la opción de culminar mis estudios de preparatoria en ese sistema abierto ha llenado mi vida de esperanzas, me siento fortalecida y con ganas de luchar nuevamente, admito que un tiempo estuve derrotada, había aceptado mi encierro, pero ahora entiendo que no debe ser de esa manera, que tengo derecho a ser feliz, a realizar proyectos y cumplir metas. Tengo ilusiones y las he convertido en prioridades, son mis motores para poder avanzar, lo único que tengo que hacer es atravesar esa puerta

Luqui señaló la puerta con su brazo y la palma de su mano extendida, pareciera que estaba retando a los seres espectrales sin un rostro definido, se notaba serena pero con una firmeza tan persuasiva que su pequeña audiencia sentía que respiraba al ritmo de ella; en ningún momento se alteró, cuando aparecía el llanto lo dejaba fluir, cuando llegaba un momento en que tenía que sacar los momentos más trágicos de sus vivencias tomaba una pausa y cuando expresaba su gran determinación se mostraba segura de sí misma.

— Entonces quiere decir que tu gran problema es cruzar la puerta

— Así es Raúl Alberto, no puedo llegar a la calle

— Quisiera decir que siento lo que te pasa amiga, pero creo que sería demasiado para mí, trato de comprender tu situación y lo único que logro es admirar tu valentía, tu paciencia y tus ganas de vivir; lo que estás viviendo es único y quiero que sepas que siempre estaré a tu lado

— Gracias Patita, es difícil lo que me pasa, pero tengo propósitos y creo que ellos me llevarán a ser tan normal como ustedes

— Oigan y si el gran problema es la puerta, ¿lo has intentado por otra parte? Es decir, no existe otro lugar por el cual lo puedas intentar

— No la única puerta es esa, todo lo demás está cercado y colinda con los solares de los vecinos ¿Cuál es la intención de tu pregunta Omar Alejandro?

— Es que durante todo tu relato nos dimos cuenta de que al intentar cruzar esa puerta (Señalando la salida a la calle) se presentan inmediatamente lo que llamas fantasmas sin rostro, entonces si intentas cruzar por otra parte, ¿qué pasaría?

— Tal vez tenga sentido lo que dice Omar Alejandro

— Es que no comprendo Patita, no entiendo bien lo que quiere decir

— Es muy fácil Luqui, es cierto que es la única puerta pero,

¿qué tal si hacemos otra? (Omar Alejandro tenía el rostro iluminado)

— Es cierto, Raúl Alberto entendió muy bien lo que cuestiona Omar Alejandro, si es la única salida, intentemos por otra parte (Paty se estaba entusiasmando)

— Si Patita, pero no existe otra salida a la calle

— Miren, el cerco es de malla ciclónica, pero no tiene una dala colada con cemento en la parte de abajo que lo mantenga firme al suelo, ¿qué pasaría si hiciéramos una especie de túnel en esta esquina (Señalando una parte pegada casi al algodón), con un talacho y una pala podemos hacerlo

— ¡Es cierto! Ahora lo entiendo muy bien, es una muy buena opción Omar Alejandro (Luqui mostró una sonrisa de aprobación)

— ¿Qué tal si nos ponemos de acuerdo para hacer el túnel o zanja? O como quieran llamarlo, aunque tengo trabajo puedo darme una escapada de mediodía si es por la mañana (Los ojos de Raúl Alberto brillaban emocionados)

— Yo pediría permiso para faltar un día en la panadería, me iría más temprano y ordenaría lo que me corresponde hacer, además Doña Amada puede ayudarme

— Todo está muy bien, pero me gustaría que fuera algo entre nosotros

— No te preocupes amiga, Doña Amada no se enterará de nada

— ¡Gracias Patita! Tiene que ser por la mañana, mi papá se va temprano y regresa tarde y mi madre llega después de mediodía

— Pues yo estoy dispuesto el día que sea, además me comprometo a traer las herramientas necesarias

— Te lo agradezco Omar Alejandro, parecemos niños haciendo una travesura

— No tienes nada que agradecer Luqui, todos lo hacemos con

gusto

Las miradas entre aquellos jóvenes enamorados se cruzaron por un instante y sintieron una descarga eléctrica sobre todo su cuerpo, fue una sensación de querer estar uno junto al otro o de querer tener todo el tiempo para estar a solas. El instante es fugaz y pasa rápido, pero el cerebro lo capta perfectamente cual cámara fotográfica, la imagen queda grabada y cada vez que se revise el archivo de la memoria aparecerá la imagen. La planeación de la actividad a base de talacho y pala estaba tomando forma; después de discutir un tiempo más acordaron juntarse el miércoles próximo por la mañana cuando Doña Amada se marchara a su trabajo.

En la cocina casi terminaban las pechugas en crema de espárragos y el puré de papas. El olor se esparcía por toda la casa y en la sala ya empezaban a sentir el deseo de probar el platillo que se estaba cocinando.

— Nos está quedando a pedir de boca esta comida, a ver si no se les hace costumbre a las mujeres

— No se preocupe Don Agustín, tengo varios platillos para ofrecer a nuestras invitadas

— Y a los nuevos invitados, acuérdense que hay personas con Luqui afuera; oye papá, ¿cómo va lo de la siembra?

— Muy bien hijo, en la próxima reunión familiar traeré unos elotes para comer

— Bueno que tal si vamos poniendo la mesa, el puré está listo y las pechugas ya están impregnadas con la crema de espárragos

— ¿Y no se emborracharán los niños con el vino blanco que pusiste a las pechugas?

— No cuñado, es para ablandarlas un poco, además agarran un sabor muy especial

— Entonces, ¿en qué te ayudamos Julián? Yo tengo hambre

— Bien, usted suegro ponga los platos y cubiertos sobre las mesas, a Luqui y sus amigos les servimos en la mesa chica para que estén juntos y tú Quique sirve una pechuga y un poco de puré en los platos mientras yo voy poniendo un baño de crema de espárrago sobre el puré y para tomar que les parece si hacemos una sabrosa agua de pepino, es muy rápida, saludable y sabrosa. En lo que pasan al comedor está lista.

Los jóvenes fueron llamados a comer, al principio sintieron un poco de vergüenza, pero el entusiasmo de Don Agustín los contagió, una vez dentro de la casa Raúl Alberto y Omar Alejandro fueron presentados por Luqui. La comida fue todo un éxito, las señoras no dejaban de alabar a los cocineros y los jóvenes deleitaron su paladar con aquel platillo. Fue un día lleno de emociones, los pequeños jugaron mucho, los adultos se alegraron de que Luqui fuera visitada y los jóvenes afinaron sus planes a corto plazo.

El miércoles llegó rápido, pero a Luqui le pareció que el tiempo transcurría más lento. Eran las siete de la mañana, ella se encontraba sola y la primera en llegar fue Paty, quienes tuvieron unos minutos antes de que llegaran los dos jóvenes.

— A veces pienso que estamos en el kínder

— ¿Por qué lo dices Patita?

— Te acuerdas cuando hicimos el campamento y nos quedamos todos los niños con las maestras

— Si, lo recuerdo muy bien, hasta parece que veo a mis padres pegados al cerco de la escuela, no querían retirarse

— Los míos tampoco. Lo que más recuerdo era la busca del tesoro después de comer malvaviscos asados

— Es cierto, me acuerdo que cuando andábamos buscando con las lámparas de mano encontré una hormiguita; era una hormiguita muy trabajadora. Le pregunté a la maestra si las hormigas no dormían y me dijo que sí, que a esas horas todas estaban refugiadas en su hormiguero. Entonces le mostré a la que había encontrado y no pudo contestarme a lo que yo le dije que esa era una hormiguita que se había perdido por andar buscando comida y se le hizo noche de regreso; la maestra se quedó pensativa un instante y luego me dijo que tenía razón. Dejamos a la pequeña extraviada y seguimos buscando el tesoro.

— Apenas a ti se ocurren tantas cosas Luqui, me acuerdo que te llevabas correteando mariposas en los recreos, te emocionabas tanto que se te olvidaba ingresar de nuevo al salón. Las maestras ya lo sabían y a veces te dejaban un rato más fuera del aula

— Y ¿Qué tiene que ver el campamento del kínder con la actividad de este día?

— No lo sé amiga, pero es que cuando sabía que iba a haber campamento me emocionaba mucho, me encantaban todas las actividades que realizábamos y ahora siento lo mismo pero en adulto, vamos a hacer algo nosotros solos. Estoy emocionada

— Pues déjame decirte que siento un poco de nervios

— ¿Nerviosa tú?

— Sí, estoy nerviosa y a la vez emocionada, me siento como la protagonista de una novela de suspenso en donde los espectadores están con el alma en un hilo, están temerosos de lo que pueda suceder, ¿podré cruzar la cerca?

— Amiga, tómalo como una opción más, recuerda que es algo que planeamos juntos y estamos contigo; si funciona todos estaremos contentos y de no ser así, aquí estamos para apoyarte

— Me reconfortan tus palabras Patita. Mira quienes vienen llegando

— ¡Hola muchachas! ¿Cómo están?

— ¡Bien mi amor! ¿Y tú? Hola Omar Alejandro

Después de los saludos empezaron la tarea pendiente. La tierra no estaba tan apretada como parecía, después de casi una hora de trabajo una zanja de medio metro de ancho por medio de profundidad tomaba forma, del cerco hacia el interior se alargaba pasada de un metro y hacia afuera tenía aproximadamente la misma longitud. La calle estaba desierta, los niños ya se habían marchado a las escuelas, los adultos a sus labores cotidianas y ellos se disponían a poner a prueba su plan; como cuando los niños hacen sus barquitos de papel y los ponen sobre el agua para ver si flotan, se emocionan haciendo a cada doblez y cuando lo llevan a que realice su prueba de fuego o mejor dicho de agua se ponen nerviosos ante los posibles resultados; si flota se sienten felices y de no ser así vuelven a intentarlo, eso está bien, pero, ¿qué pasa con los que se frustran al primer intento y claudican? ¿Cómo enfrentarán los obstáculos que en la vida se les presenten? Luqui estaba por poner su barquito sobre el agua, ¿qué pasaría?

— Listo, ahora por favor Omar Alejandro pásate al otro lado para que recibas a Luqui, Paty estará junto a mí para ayudarla a que se acueste sobre la zanja e inicie su deslizamiento hacia la libertad, ¿estás lista amiga?

— Con un poco de nervios y todo, pero estoy lista

— Adelante pues, lo siento por ese pantalón de mezclilla y tu blusa bordada, tendrás que lavarla unas tres veces para que quede limpia

— Creo que el intento vale la pena, terminemos lo que ya hemos iniciado

Luqui se recostó boca abajo sobre la zanja, cabía muy bien y en esa posición sería más fácil avanzar, una vez del otro lado se voltearía y Omar Alejandro la ayudaría a salir, en teoría era el plan a seguir. Al principio fue un avance muy lento, como las escenas de una película en cámara lenta, sus amigos la animaban y ella se sentía fortalecida, cerró los ojos y los fantasmas no aparecieron; poco a poco el objetivo se estaba cumpliendo, sus amigos se mostraban llenos de entusiasmo, vitoreaban cada centímetro avanzado, aquello era el camino a la libertad que tantas veces soñara su valiente amiga. Lo imposible se estaba realizando, en la mente de la temeraria joven pensamientos positivos la acompañaban, ¿de dónde provenían? Quien sabe, pero estaban acompañándola en esos precisos momentos: ¡Luqui avanza! ¡Luqui tú puedes! ¡Tú puedes Luqui! ¡Vamos!

— Ya cruzaste medio cuerpo Luqui, vamos, ahora voltéate para ayudarte a salir

— Sí Luqui, vamos, ya estás del otro lado, vamos amiga

— Adelante Luqui, ya lo lograste, estamos felices por ello, eres grande amiga, me siento orgulloso de ser tu amigo, vamos déjanos adentro y sal ya, cruza la meta ¡Lo estás logrando!

Luqui se volteó con cierta dificultad, avanzar fue relativamente fácil, aunque de manera lenta; en su interior sentía una alegría desconocida, extendió sus brazos y sintió como las manos de Omar Alejandro tomaban las suyas, se sintió protegida y nuevamente su cerebro registro esa sensación tan efímera y agradable a la vez; cuando sintió que ya estaba saliendo de la improvisada puerta de escape abrió los ojos y los fantasmas no aparecieron, ¿dónde estaban? ¿Se habrían marchado para siempre? Por primera vez en mucho tiempo no miraba el cielo desde fuera de su casa, fueron unos instantes maravillosos, era una vista un poco extraña desde su posición, el cielo era de un azul intenso esa mañana y la malla ciclónica era observada desde la parte exterior.

La voz de Omar Alejandro interrumpió su reflexión de segundos para pedirle que se afianzara fuerte porque iba a jalarla. Cuando su mirada se encontró con la de él, un grito muy fuerte salió desde lo más profundo de su ser, no daba crédito a lo que sus ojos veían, los fantasmas de rostro indefinido se habían apoderado de Omar Alejandro, su rostro había tomado la forma de los guardianes de su prisión, miró como el Omar Alejandro de antes se había convertido en uno de ellos y ahora la jalaba hacia afuera, mientras otros tantos se le acercaban a su rostro y se burlaban de ella, se reían sin parar y el ruido emitido taladraba sus oídos; Omar Alejandro intentó terminar su labor y ella sintió como el fantasma que se había apoderado de él se burlaba de ella, ahora quería que cruzara la cerca, sabía que si cruzaba la frontera entre la tranquilidad y el miedo sus carceleros le harían mucho daño. Empezó a gritar que la regresaran, sus amigos estaban asustados, paralizados para actuar y al fin accedieron a cumplir la indicación de su amiga. Fue difícil regresarla al interior, prácticamente la jalaron, la arrastraron sin que ella dejara de gritar; Omar Alejandro corrió para ayudar a sus compañeros, cuando lograron incorporarla ella los miró y siguió gritando horrorizada, sus amigos, los tres habían tomado la forma de las figuras espectrales y ahora se burlaban de ella, como pudo corrió hacia el interior de la casa seguida por sus tres compañeros. Una vez en la sala Paty abrazó a su amiga que temblaba sin poder contenerse, era tan grande el susto que sus sollozos entrecortados se escuchaban fuera de la casa. Por un lapso de casi una hora Luqui siguió en el mismo estado de terror, pero poco a poco fue recobrando la calma hasta que solo se escuchaba un llanto muy bajito que no paraba.

— ¡Perdónanos amiga! No sabíamos que esto te iba a afectar de esa manera

— Es cierto Luqui, de verdad que no medimos las consecuencias en caso de que nuestro intento fallara, me siento muy mal por haber propuesto semejante idea

Luqui no contestaba, la impresión había sido tan impactante, tan real que era muy doloroso recuperarse, sus amigos habían vuelto a la normalidad. Raúl Alberto y Paty cruzaron una mirada y argumentando que saldrían a tapar la zanja dejaron solos a Luqui y Omar Alejandro. Salieron a cumplir con lo ofrecido, pensaban que era lo mejor en esos momentos.

— De verdad que me siento muy apenado, durante mucho tiempo pensé la manera de llegar hasta ti y ahora que lo he logrado es para hacerte sentir muy mal. No atino a decir algo que te consuele, tengo miedo de asustarte de nuevo

— No te preocupes, yo sabía de las consecuencias, he vivido esta experiencia muchas veces, pero hoy fue diferente, los fantasmas siempre me cerraban el paso, me daba la vuelta y me seguían unos metros, una vez adentro me dejaban en paz, pero ahora de manera muy clara observé como se apoderaban de ustedes, ellos se burlaban de mí se carcajeaban; cuando abrí los ojos y pude verte, no eras tú, eras uno de ellos con tu cuerpo, fue algo muy fuerte, muy doloroso para mí

— Qué bueno que ya pasó, ahora me preocupa lo que van a pensar tus padres

— Mis padres siempre me han apoyado y creo que entenderán lo que hicimos, además en última instancia fui yo quien tomó la decisión final

— ¿Sabes? Me alegro de verte aunque sea en estas circunstancias

— Pues yo siento un poco de pena, es la segunda vez que vienes y mira la forma en que te recibo

— Para mí es un gusto estar a tu lado, creo que siempre soñé con este momento, no importan las circunstancias, lo que cuenta es saber que puedo estar a tu lado en situaciones difíciles

— Te agradezco tus palabras, me reconfortan mucho y no te preocupes por lo que pasó hoy, ya te lo dije, siempre es igual pero ahora fue un poco más intenso

— Bueno, viéndolo así, creo por la oportunidad de estar contigo bien vale la pena; tal vez suene cruel pero prefiero vivirlo a tu lado a saber lo que te pasa sin poder tenderte mi mano

— Eres muy gentil Omar Alejandro, que bueno que apareciste en mi vida

— ¡Oigan, ya terminamos!

Patita y Raúl Alberto aparecieron de pronto, venían sudando y dejaron la puerta abierta, sin querer ya estaban por las doce del mediodía, Luqui tendría que arreglarse antes de que llegara su mamá, Raúl Alberto tenía que regresar a la escuela, Omar Alejandro quería quedarse más tiempo pero la prudencia indicaba que no era lo más apropiado y Paty tenía el tiempo suficiente para arreglarse antes de salir rumbo a la universidad en la ciudad. Pareciera que la vida volvía a su rutina de media semana, todos tenían obligaciones que cumplir. Luqui les agradeció su buena intención y lamentó que las cosas no salieran bien, quiso salir a despedir a sus amigos, pero algo la frenó en sus intenciones; los seres de rostro indefinido estaban esperándola fuera de la puerta de su casa, pareciera que ahora habían restringido su libertad y no la dejarían salir de ella, no lo demostró y argumentando que se sentía muy cansada se quedó adentro. Ellos comprendieron y se despidieron con cierta tristeza ¡El barquito no había flotado! ¿Intentarían hacer otro?

Luqui se bañó y mudo su ropa. Esperó a su madre sentada en la sala. Cuando Doña Amada llegó abrió la puerta y comprobó que su visión de dos horas antes era verdad, los fantasmas seguían esperándola fuera de su casa. Contó lo sucedido a su madre quien la abrazó muy fuerte y le brindó todo su apoyo. Lo mismo sucedió con Don Agustín por la noche. Jamás habían estado lejos de su hija y menos ahora que se había arriesgado una vez más por superar su miedo. Admiraban su determinación y comprendieron las buenas intenciones de los muchachos, eran jóvenes y lo intentaron. Mientras tanto Luqui leía nuevamente la carta del abuelo, se quedó profundamente dormida y en sus sueños apareció durante toda la noche la imagen de Don Jesús, no estaba triste, le sonreía y le señalaba hacia la puerta de entrada de su casa, la puerta que desde esa mañana se había convertido en su nueva frontera, su espacio de acción se había reducido; pero tenía al abuelo y sus enseñanzas, tenía a sus padres y su compañía, tenía a sus hermanos y su comprensión; tenía a sus amigos, la escuela abierta para culminar su preparatoria, el ingreso de sus sobrinos al preescolar y sobre todo, ahora Luis Alberto aparecía para apoyarla.

Luqui soñó en todos los motivos para vencer a los fantasmas que la cercaban todavía más. ¿Cuál sería su nueva actitud ante estos acontecimientos?

CAPÍTULO XI

EL VIAJE

(Regresando al pasado)

Doña Amada salió contenta esa mañana, era el último día en que estaba a cargo del negocio, sus razones no eran debido a la responsabilidad del trabajo; Don Roque regresaría ese día por la tarde y traería la noticia tan esperada. Luqui mostró el mismo carácter desde que se quedó limitada en su área de libertad. Todo en apariencia, no quería que sus padres sufrieran pero extrañaba entrar en contacto con su jardín, su dolor más grande era no poder estar bajo la sombra de su querido amigo, el ventanal era el mudo testigo de la manera en que se pasaba horas observando el par de mecedoras blancas; extrañaba tanto conversar sobre sus ilusiones, sobre el sentimiento que estaba despertando en ella hacia Omar Alejandro. ¡Pensaba! ¡Sí! Pero bajo la sombra del solitario algodón sentía que se comunicaba con alguien, ahora era diferente; de vez en cuando miraba hacia la esquina por donde habían hecho la excavación; los seres de rostro indefinido le permitieron gozar solo unos instantes su libertad cuando miró lo intenso del cielo azul, pero inmediatamente le cobraron el precio.

Aunque su tristeza la obligaba a permanecer inmóvil mirando hacia afuera no se arrepentía de haberlo intentado, si fuera necesario lo volvería a hacer, aunque tuviera que cavar un túnel y salir del otro lado de la calle, lo haría de nuevo aunque sus carceleros la confinaran a su habitación, mientras pudiera intentarlo no se rendiría, de eso estaba segura.

Sus amigos no la visitarían ese fin de semana, sabían de su soledad, querían estar con ella pero no se atrevían, temían provocar recuerdos dolorosos nuevamente y acordaron esperar hasta el siguiente domingo. Ignoraban cuánta falta le hacían a su amiga en esos momentos. Era un cuadro muy emotivo ver a Luqui sentada, embargada de tristeza y tener que fingir normalidad ante la presencia de sus padres. Alicia y Lucía llevarían a los niños por la tarde para que no se sintiera tan sola, pero desistieron al pensar que pasaría si los pequeños se salieran de la casa. La nostalgia por estar en compañía de su amigo incondicional le generaba mucha angustia, ese día decidió hablar con él a través del ventanal, sabía que no sería escuchada, pero al menos expresaría su dolor.

— ¡Te extraño amigo! Siento mucho el no poder estar a tu lado, estoy pagando un precio muy alto por ser atrevida, así me siento, porque cobarde no soy; los seres sin rostro me custodian más que nunca y eso no me interesa, si pudiera pedirte que te cambiaras de lugar y estuvieras aquí junto a la ventana sería feliz, pero entiendo que eso es algo imposible. Lamento no poder acompañarte en tu soledad amigo, tú estás acostumbrado a que te visite, pero últimamente no he podido y tú lo sabes. No me escuchas y eso lo sé, pero de todas formas quiero decirte lo que siento, me estoy haciendo pedazos por dentro al no poder realizar mi vida habitual, mi vida rutinaria de casi cinco años; aunque debo aclararte que es una vida rutinaria feliz porque lo que hago lo realizo con amor, jamás había caído en la monotonía, me siento atada y no puedo hacer nada de momento, he llorado, pero no por el encierro, mis lágrimas son por ti, parecería que estoy loca cuando digo que te quiero pero, ¿qué amistades puede tener alguien que no puede salir de su casa? Tener un árbol amigo es querer a la naturaleza, mi abuelo me enseñó todas esas cosas, me hizo ver la importancia de respetar cada arbusto, árbol gigantesco o animal silvestre que existiera, me enseñó que los seres humanos somos parte de la naturaleza y que como seres superiores tenemos la responsabilidad de velar por ella, por eso te quiero amigo, porque como habitantes de este hermoso planeta, somos hermanos; los hermanos son para quererse, para ayudarse en las buenas y en las malas. Estoy en las malas amigo y no puedo estar a tu lado, pero no importa, porque tú sabes que te quiero, tú sabes que fui reducida en mi área de libertad, tú fuiste testigo de la manera en que fui despojada del espacio que me permitía estar a tu lado. Pero recuerda amigo que la distancia jamás será un impedimento para expresar lo que siento por ti, el tiempo que esté fuera de tu fronda tampoco será motivo de olvido y los carceleros que me vigilan de día y de noche nunca podrán hacer que deje de quererte. ¡Siempre seremos amigos!

Doña Amada regresó como si nada hubiera pasado, Luqui había olvidado que ese día llegaría Don Roque. Comieron y pronto se enfrascaron en una convivencia muy propia entre madre e hija. Era un momento especial, de esos en que se pueden hacer confesiones si sentir mucha pena. Se quedaron en el comedor como tantas veces lo hacían. La loza ya había sido lavada y la mesa estaba limpia.

— ¡Me siento feliz hija!

— ¡Qué bien madre! ¿A qué viene tu comentario?

— Creo que no es lo que quise expresar, tal vez sea mejor decir: me siento orgullosa

— Sigo sin entender madre, explícate por favor

— Siento que sufres, algo en mí me lo dice, es una voz interior, una corazonada que no me deja estar en paz, pero me siento muy orgullosa de que lo hayas intentado hija y tu padre también siente lo mismo. Sabemos que sufres porque ya no puedes salir de la casa, los mastuerzos ya están crecidos y pronto lucirán esas hermosas flores que te describí hace tiempo; el rosal del centro del jardín luce hermoso y aunque lo puedes ver a través de la ventana no puedes tocarlo; pero lo que más extrañas son tus visitas al algodón

— Me sorprendes mamá, nunca te he contado sobre mi relación con el algodón

— No es necesario Luqui, son tantos meses de llegar y encontrarte sentada bajo su sombra que me acostumbré a verte de esa manera

— Lo siento mamá, es verdad que sufro, pero no deseo verlos a ustedes sufrir por mi causa, me sentiría muy infeliz por ello

— Hija para el corazón de una madre no hay secretos que los hijos puedan ocultar, para un padre tal vez, pero para uno no hija. Los vemos crecer día a día, sabemos de sus alegrías y de sus tristezas, cuando son pequeños no ocultan sus sentimientos, pero a medida que van creciendo tratan de fingir que todo está bien cuando en realidad las cosan marchan mal. Creen engañar al corazón de una madre, pero no es así, tratamos de fingir que no sabemos nada, pero de todo nos damos cuenta. Te quiero hija y me duele verte en esta nueva situación, ¿cómo ayudarte?

— No mamá, esto se me pasará, pronto me acostumbraré a este nuevo encierro y volveré a ser la misma, además ya tengo nuevos amigos, ellos me visitarán más seguido y mi encarcelamiento será más llevadero, de verdad madre, no quiero que sufran por mí, estoy bien

— Te entiendo, aunque mi corazón de madre no puede evitar que me sienta así

— De acuerdo, pero que te parece si platicamos de cosas más alegres

— ¿Sobre qué hija?

— No sé mamá, tu dime

— Muy bien, ¿quién es el joven que acompañaba a Patricia y a su novio? Me lo presentaste, es cierto, pero no lo recuerdo

— Es un compañero de la secundaria, estuvo con nosotras durante los tres años, Omar Alejandro terminó su preparatoria y está ahorrando para irse a estudiar veterinaria lejos de aquí

— Es un muchacho muy guapo, ¿te diste cuenta de ello?

— Pues ahora que lo dices, creo que si es guapo

— ¿Crees o estás segura?

— Mamá, me sonrojas, pero bueno, te confesaré algo…

— Que no te de pena mi pequeña, en este momento imagina que soy como Patricia, pero con unos cuantos años más

— Muy bien, siendo así quiero que sepas que cuando estábamos en la secundaria él me mandó una carta muy hermosa en donde expresaba su amor por mí, además me pidió una cita para saber si era correspondido, pero pasó algo terrible mamá, el día de la cita fue cuando me desmayé y que tuviste que ir a la escuela para llevarme al médico

— ¿Qué pasó después? ¿No considero tu situación?

— No madre, no pudo hacerlo, la cita era en la plaza, él no había podido asistir a la escuela, le estaba ayudando a su padre en el campo, pero estaría puntual a la cita, se quedó esperando

— ¿Por qué razón no le explicaste el motivo de tu ausencia?

— Es que ya no pude regresar a la escuela, fue cuando me empezó lo del encierro, cuando empecé a vivir encarcelada en mi propia casa. No había sabido nada de él hasta hace poco.

— Aunque no quiera tengo que preguntarte, creo que ya estoy más emocionada que tú, ¿te gusta hija?

— Mamá, no se vale, me sonrojo

— Hija, soy tu amiga, recuérdalo, puedes confiar en mí

— Está bien madre ¡Sí me gusta! Creo que desde que estaba en la secundaria ya sentía algo por él. Cuando Patita me trajo noticias sobre Omar Alejandro y de sus intenciones de venir a visitarme me sentí dichosa, él sabía de mi forma de vida y a pesar de ello estaba dispuesto a venir. Fue entonces cuando leí la carta después de tantos años, una carta que es un poco mayor que el inicio de mi desgracia

— Nunca me habías contado, pero te agradezco el que me tengas confianza

— Esa carta la guardé en el alhajero después de llegar a casa, es lo único que guardo, quiero conservarlo como lo recibí el día de la muerte del abuelo. Quien iba a decirlo madre, en el alhajero se encontraban dos cartas que ahora me hacen muy feliz

— Y también a mí hija, me siento emocionada

— Oye mamá, ahora que lo recuerdo, ¿podrías aclararme algo?

— Si está en mis manos adelante, ¿qué quieres saber?

— Es que en la carta del abuelo hay una parte donde dice que antes de morir la abuela Esperanza le dijo que le entregara el alhajero a su nieta, dice que es algo que nunca entendió, ¿cómo supo ella que yo iba a ser una niña?

— Eso es muy fácil hija, cuando estaba embarazada de ti, Doña Esperanza pasaba muchas horas haciéndome compañía, ella decía que tenía el vientre muy redondo, igual que cuando estaba embarazada de Lucía, por lo que sería una niña; en cambio cuando estuve embarazada de Enrique dice que tenía el vientre puntiagudo, como ella cuando estaba embarazada de tu papá

— ¡Con razón! Ojalá que allá donde se encuentren le haya aclarado esto al abuelo para que ya no esté con la duda

— Dalo por hecho, entre ellos nunca hubo secretos

— Entonces, ¿por qué motivo nunca se lo confesó al abuelo?

— Bueno, sobre ese punto ella siempre dijo que sus comentarios solo se basaban en meras observaciones y no podría asegurarle algo así a Don Jesús.

Fue una tarde muy reconfortante, madre e hija se sintieron más tranquilas, el hablar con sinceridad fortalecía lazos de amor entre ellas. Caía la tarde, Don Agustín llegó temprano, la cena fue muy ligera, chocolate caliente y pan fue lo que consumieron, parecía más una merienda. Doña Amada había ocultado muy bien su alegría, en un momento dado pidió la atención de sus dos acompañantes.

— Les tengo una gran noticia, así que prepárense

— ¿De qué se trata mamá?

— Don Roque regresó de su viaje unos minutos antes de que me viniera

— Pero, ¿qué te dijo? ¿Trae buenas noticias?

— Tranquilo papá, mejor dejemos que mi madre siga hablando

— Es que me siento impaciente, pero tienes razón, sigue Amada por favor

— Bueno, lo que pasa es que llegó solo, pero dentro de cuatro días llega Don Chavita

— ¿Don Chavita?

— Así es Agustín: Don Chavita, se llama Salvador pero dice Don Roque que así lo conocen todos

— Quiere decir que vendrá a visitar a nuestra hija

— ¿Qué es lo que realmente hace Don Chavita mamá?

Los ojos de Luqui brillaron con una luz de esperanza, ahora más que nunca deseaba vencer a sus enemigos, a los causantes de todas sus desdichas. Si Don Chavita era la respuesta para aprender a caminar fuera de aquel valle rodeado de montañas ella estaba dispuesta a caminar a su lado.

— La verdad es que no tuve tiempo de preguntar más detalles a Don Roque, pero se mostró muy emocionado cuando me dijo que Don Chavita estaría aquí el próximo miércoles y me aseguró que es una persona muy tratable, allá todos lo quieren por su forma de ser

— ¡Qué bien! Al menos tendré alguien con quien platicar mientras está aquí, ¿saben? Creo que ya me cayó bien Don

Chavita antes de conocerlo, es una opción más para solucionar lo que me pasa, tengo fe en él aún sin conocerlo y pase lo que pase estaré siempre agradecida por su buen gesto de hacer este viaje tan largo

— Siempre me sorprendes hija, a pesar de todas tus restricciones sabes pronunciar las palabras más adecuadas, estoy orgulloso de que seas mi hija

— Y yo de tenerlos a ustedes, es cierto que mi vida es diferente a la de muchas personas, pero creo que la confianza y el amor que me han dado desde que nací han sido dos pilares fundamentales para que pueda seguir adelante, para que no me rinda y que esté dispuesta siempre a luchar por mis sueños

La mañana siguiente fue un domingo lleno de alegría, la familia estaba feliz de saber que una pequeña opción de cambio estaba por llegar, la semilla de una esperanza germinaba transformándose en una ilusión que más tarde podría convertirse en un fruto llamado felicidad o en una flor llamada éxito; todo dependía del personaje desconocido que estaba por llegar, ¿cómo sería físicamente? ¿Estaría muy mayor? ¿Tendría el pelo blanco? Muchas interrogantes cruzaban por la mente de Luqui causando expectativa; cuando existe armonía en el hogar no importan las situaciones que se tengan que enfrentar, el ingrediente llamado amor es fundamental para salir adelante, ella lo sabía, por eso se sintió muy feliz en el interior de su casa, desde la ventana miraba a su gran amigo quien movía sus ramas por el poco viento que estaba haciendo. Lucía y Enrique no asistieron a visitar a sus padres, planearon salir de paseo a la ciudad para llevar a los niños al pequeño parque infantil; el calor que empezaba desde media mañana provocaba que las personas salieran temprano a disfrutar de la frescura del arroyo; era normal que en un pueblo pequeño las familias buscaran donde pasar el fin de semana, algunas de ellas asistían al servicio religioso dominical y después se integraban con los demás en el paseo típico del lugar.

Fue un día para descansar, todos se sentían relajados, los acontecimientos de la semana que culminaba fueron muy intensos y reclamaban un merecido descanso; las emociones agotan y más cuando son negativas.

El lunes y el martes incrementaron las ansias por la llegada del miércoles. Don Roque le había comunicado a Doña Amada que Don Chavita visitaría su casa por la tarde con la intención de entrevistarse con su hija. Por fin llegó la fecha tan esperada.

— Hija no quise irme sin decirte que hoy llegaré temprano, quiero estar a tu lado para cuando llegue nuestro visitante desconocido

— ¡Gracias papá! Eres muy gentil

— Y te reitero hija, que pase lo que pase siempre estaremos apoyándote, somos tus padres y te queremos mucho

— Es verdad hija, y aunque ya lo sabes consideramos necesario recordártelo, tu padre está más desesperado que nosotras dos juntas. Le pedí permiso a Don Roque para llegar un poco más temprano. Tus hermanos llegarán por la tarde, todos queremos verte de manera diferente hija

— Tranquilos mamá, no se preocupen, ya les dije que yo creo en ese señor sin conocerlo todavía

— Bueno, entonces yo me voy al trabajo, ya quiero estar de regreso

— ¡Si papá! ¡Adelante!

— Y yo te sigo, ya es hora de ir a la panadería

Los abrazos y besos de despedida fueron muy efusivos, todos estaban a la expectativa, deseaban que la hora llegara ya, pero el tiempo es inmutable, no puede cambiarse, hay que esperar y cuando algo urge es necesario practicar el hábito de la paciencia. Luqui lo sabía, así que tal vez era la única que no deseaba apresurar las cosas, todo tiene un tiempo y un espacio en esta vida, ya llegaría el momento. Cuando sus padres salieron volvió a sentir la presencia de sus carceleros, observó a través de la ventana como se burlaban de ella y rondaban alrededor de sus padres ¡Nunca se cansaban! Pronto se quedó sola. Terminó sus labores domésticas temprano y se sentó en la sala. Una visión extraña se presentó ante sus ojos, algo inusual; un anciano estaba ingresando al patio de su casa, la puerta que daba a la calle siempre estaba sin candado, un viejo pasador la mantenía cerrada. Esto era una verdadera novedad, pocas personas fuera de la familia ingresaban a su casa. El anciano se mostraba cansado, una bolsa estilo morral colgaba de su costado, sus ropas estaban desgastadas, se notaba que tenían varias temporadas de haberse usado; era un señor alto y un sombrero de palma protegía su rostro del calor que ya se mostraba intenso. Luqui lo observó acercarse a la puerta de su casa, el paso era lento pero se mostraba seguro a medida que avanzaba, pareciera que aquel novedoso personaje conocía perfectamente hacia donde enfilaba su andar; en su mente surgieron interrogantes muy naturales ante esta singular escena, ¿quién era este señor? ¿Qué razones le impulsaron a entrar a su casa? ¿Sería algún ser humano caído en desgracia y que hoy acudía a la caridad? ¿Quién sería? ¿Quién?

Luqui notó que el temor estaba ausente ante aquella inesperada visita, una tranquilidad la embargaba y ella sería una buena anfitriona, atendería al venerable anciano y lo ayudaría en lo que estuviera a su alcance. Se escuchó como tocaba la puerta y ella se acercó temerosa para abrirla, su actitud no era de temor hacia el visitante, sino que la aterraba pensar que los seres de rostro indefinido entraran a la sala y la confinaran a su habitación; era la primera vez que abriría esa puerta desde que los fantasmas la acorralaron dentro de su casa. Tomó la perilla y la giró lentamente, la puerta cedió y una sonrisa cautivadora la envolvió por completo, era una sonrisa dulce, de esas que inspiran confianza y ella correspondió ante este gesto. Se sintió aliviada cuando los fantasmas desaparecieron ante la presencia de ese señor de sonrisa tan agradable.

— ¡Buenos días señorita!

— ¡Buenos días señor! ¿Puedo ayudarlo en algo?

— Eres una joven muy amable, ¿podrías ofrecerme un poco de agua? He caminado mucho y a mis años ya no soporto tan fácilmente este calor

— Será un gran honor poder ayudarlo, pase y tome asiento por favor

— ¡Gracias hija! Te agradezco mucho el que me hayas franqueado el paso sin conocerme, por cierto, ¿cómo te llamas?

— Luqui señor, siéntese, enseguida le traigo su agua

El visitante se puso cómodo en el sillón doble, se quitó el sombrero y lo puso sobre el piso, mientras llegaban con su agua observó como todo estaba en orden, se apreciaba la limpieza y el ventanal permitía un amplio dominio sobre el exterior. Después de unos minutos, apareció su anfitriona con dos vasos de agua de naranja y uno más de agua natural.

— Me tomé la facultad de preparar una naranjada para compartir con usted después de que tome su agua señor

— Estoy sorprendido con tu amabilidad, en la actualidad muchos jóvenes carecen de esta cualidad

— Es mala costumbre no acompañar a un invitado, es por eso que preparé las naranjadas, a propósito, ¿gusta que le prepare algo de comer?

— Así está bien hija, el clima me hace sentir mucha sed, ya no soporto el calor tan bien como antes

— Bueno, mientras toma su agua voy a poner su sombrero sobre una silla del comedor, carecemos de un perchero y estará mejor que en el suelo

El ambiente de confianza hacía sentir a Luqui muy tranquila ante su visita tan espontánea. Pronto se encontraron platicando muy animados disfrutando la fresca naranjada

— Me parece que esa planta de algodón proporciona una sombra muy fresca

— Así es, si se fija no pasa ni un rayito de sol

— ¡Qué jardín tan hermoso! Seguramente tú tienes algo que ver con ello

— Pues sí, mi madre y yo lo atendemos por las tardes, esos mastuerzos son idea de ella, salía mucha maleza y dice que con esta medida evitaremos estar tan seguido quitando hierba

— Es una medida muy acertada, además la capa verde sobre el suelo le da mucha vista y lo mantiene fresco, los geranios pronto dejarán de dar flor, pero los mastuerzos cubrirán ese aspecto, siempre tendrán un jardín florido

— Muy amable señor, es un halago escuchar sus comentarios

— ¿Cuál es tu mecedora favorita?

— No lo entiendo señor (Confundida)

— Me imagino que te gusta disfrutar de la sombra cuando te cansas de trabajar en el jardín; los seres humanos seguimos cierto hábitos, casi siempre hacemos lo mismo, si haces un poco de memoria te acordarás que en la primaria o en la secundaria tus compañeros siempre procuraban sentarse en el mismo lugar, lo mismo hacías tú

— ¡Es cierto! Siempre quería sentarme en la misma butaca

— Bueno lo mismo pasa con esas sillas, te aseguro que prefieres una de ellas, son iguales, pero estoy seguro de que casi te sientas en la misma mecedora

— Tiene razón, siempre me siento en la que está más cerca del tronco del algodón

— Seguramente no hace mucho tiempo que estuviste sentada en ella

— Pues desde la semana pasada, exactamente hoy cumplo una semana sin salir de la casa

Luqui se tapó la boca, había cometido una indiscreción, sintió como si hubiera sido descubierta después de haber cometido una falta muy grande. El anciano observó su rostro sin decir nada, sus años de experiencia por este mundo no habían sido en vano, conocía de los sufrimientos del alma e intuyó que algo muy grave ocurría a esa joven tan servicial. Reafirmó su intención de ayudarla, para eso estaba en ese lugar, era un viajero que no dejaría de caminar hasta que las fuerzas le faltaran; entendía que su existencia ya había transitado por muchas veredas y que pronto dejaría de avanzar, su destino estaba cerca de su final, pero sabía que mientras viviera él seguiría avanzando, ¿Hasta dónde llegaría? Eso no era importante, el valor de una vida se mide por lo que uno puede hacer por los demás, no por quedarse estancado viendo pasar el tiempo.

— Si quieres no me contestes pero, ¿qué quieres decir con "una semana sin salir de casa"? ¿Estás castigada?

— Le voy a contestar sin conocerlo porque usted me inspira confianza, le voy a platicar mi historia, nada más que me tardaré unos minutos, ¿tendrá tiempo?

— Mi tiempo es tu tiempo hija, adelante

Luqui empezó su relato, era la segunda ocasión en menos de un mes que compartía su vida, lo hizo con mucha calma, no lloró como en la ocasión anterior, detalló paso a paso todo lo que había vivido, no omitió detalle; desde que tuvo aquella pesadilla hasta el momento en que lo recibió esa mañana. El anciano escuchaba con una paciencia adquirida a través de los años, estaba atento a cada gesto de la joven y trataba de imaginar cada parte del relato. Cuando Luqui terminó hubo un silencio prolongado, nadie expresó palabra. Reflexionaban sobre lo dicho y lo escuchado. Por primera vez Luqui sintió que el tiempo detenía su marcha, se sentía muy relajada. Después de un rato de meditaciones profundas, el anciano reinició la plática

— Por favor cierra tus ojos y toma tu tiempo para contestarme, ¿te gustaría salir de tu casa y escuchar el sonido de la puerta al cerrarse?

— ¡Sí!

— ¡Muy bien! ¿Te gustaría sentir lo fresco de la sombra del algodón y sentarte en tu silla preferida?

— ¡Sí!

— ¡Excelente! ¿Te puedes ver fuera de tu casa y mirar el jardín desde la calle?

— ¡Sí!

— Ya puedes abrirlos y ahora dime, ¿qué emociones tuviste?

— Pues honestamente le digo que me sentí muy emocionada, cada pregunta que escuchaba me transportaba a dar una respuesta relacionándola con mis pensamientos, es decir podía ver, hasta sentir y escuchar todo lo que me imaginaba

— ¿Habías experimentado esto en otras ocasiones?

— Creo que no, es cierto que mi deseo de ser libre me ha llevado a soñar en los últimos días, pero el experimentar las sensaciones de manera tan real nunca

— Bien, vamos por buen camino, ¿te gustaría hacer un viaje?

— No le entiendo, como le acabo de contar, ahora estoy más restringida que nunca, mi única esperanza es el amigo de Don Roque

— Si crees en él como me lo hiciste saber hace rato, creo que así será

— Bueno y, ¿a dónde sería ese viaje que usted me acaba de mencionar?

El anciano se tomó su tiempo para contestar, la respuesta que daría a Luqui requería de mucha inteligencia, su experiencia le aconsejaba que los problemas más difíciles de resolver tenían una solución sencilla; así que decidió no complicar más las cosas, tomó una respiración profunda y con una voz tranquila y persuasiva contestó aquella pregunta en espera de una respuesta.

— ¡Hacia la libertad! ¡Hacia tu libertad! Luqui, ya estás preparada para iniciar ese viaje, todo es cuestión de que te decidas

— Pero, es que no puedo salir, estoy prisionera en mi propia casa, me siento como la princesa de los cuentos: ¡Encerrada en la torre de un castillo!

El anciano pronunció una frase que la dejó sin palabras, no pudo responder, se quedó paralizada, ¿qué estaba pasando? ¿Quién era este señor que tanta confianza le inspiraba y que ahora la desconcertaba hasta dejarla sin habla?

- "Siempre Existirá Alguien Dispuesto A Ayudarte Si Tú No Puedes Superar Tus Miedos". ¿Te sorprende el que sea yo quien pueda ayudarte? ¿Un anciano sediento al que le acabas de mitigar la sed y le has contado tu encierro?

— No señor, es que cuando era pequeña mi abuelo mencionó la frase que usted acaba de pronunciar, ¿conoció a mi abuelo?

— Digamos que físicamente no, pero ten la seguridad de que muy pronto nos encontraremos, estoy demasiado viejo y me siento muy cansado; con respecto a la frase creo que la experiencia de los viejos en ocasiones puede repetirse, quédate tranquila por ese lado hija. Mi ayuda es franca, todo depende de lo que decidas en este momento o tal vez prefieras esperar a esa persona tan especial

— No me malinterpretes venerable anciano, yo te guardo un profundo respeto y si apareciste en mi vida creo que no fue una casualidad, acepto ese viaje, pero creo que será muy corto, creo que lo más lejos sería la cocina, ¿me podrías aclarar hacia dónde vamos?

— Hacia donde tendrás que ir no puedo acompañarte, no puedo estar a tu lado, es un viaje en donde no podrás verme, pero si podré escucharte, tus ojos serán mis ojos y tus dudas serán respondidas a través de mi voz. El viaje que realizarás solo tardará unos pocos minutos, es probable que te parezca un largo peregrinar, pero en la realidad no será de esa manera

— Aunque no entiendo bien todavía, creo que si me sigue explicando seré una buena viajera, prosiga por favor

— Bien, los viajes que has realizado a través de tus sueños han sido a tus ilusiones, jamás han sido al origen del problema, los fantasmas sin rostro definido no están fuera, existen en tu mente y hacia allá vas a viajar, no será fácil. Durante todo este tiempo has creído que cuando vino aquella maestra con sus hijas fue lo que generó tu problema, pero no es así, eso fue el detonador solamente, la verdadera causa está más atrás todavía. En ese viaje llegarás hasta el origen, te sorprenderás, pero tu mente ya está preparada, has encontrado verdaderos motivos para salir adelante, lo has intentado pero no has podido y ahora que necesitas ayuda yo me ofrezco para llevarte de la mano a través de mi voz

— Creo que ahora veo claro, en lugar de mirar hacia mi interior buscaba respuestas en otras partes y confundía mis ilusiones con mirar hacia adentro, ¡Qué equivocada estaba! Ahora lo comprendo mejor, ¿cómo realizaremos ese viaje?

— Es muy sencillo, solo tendrás que cerrar tus ojos y dejarte guiar por mi voz, no te dejaré sola, siempre estaré a tu lado aunque no puedas verme, ¿estás lista?

— ¡Sí señor! Adelante

— Muy bien cierra tus ojos y quiero que vayas al momento justo en que miraste aquellas escenas a través de la ventana; describe todo lo que veas, lo que sientas o lo que escuches

— No escucho nada, solo puedo ver

— Muy bien déjate llevar y dime lo que pasa

— Veo a las hijas de la maestra tomando mi foto, se ríen y la señalan, algo dicen que les causa mucha risa

— ¿Qué sientes?

— Siento desesperación, ellas se están burlando de mi foto y no puedo hacer nada

— Continua, no te detengas

— Al fondo puedo ver a mi madre platicando con la maestra, están platicando y de repente ambas sonríen, están muy centradas en el motivo de la conversación, tampoco puedo escuchar lo que dicen

— ¿Qué es lo que sientes ahora?

— Siento impotencia y coraje, impotencia porque voltean hacia la sala y no le dicen nada a las jovencitas que se burlan de mi foto y coraje porque no puedo gritar a la maestra que controle a sus hijas

— Vas bien, ahora quiero que regreses más en el tiempo, busca una escena donde te veas sintiendo lo mismo

— Ahora estoy en la secundaria, estoy muy emocionada, pronto me veré con Omar Alejandro. Él no fue ese día a la escuela, pero estará esperándome en la plaza

— Eso está bien, sigue buscando, ¿qué ves ahora?

— Estoy en el salón, me siento muy cansada, la clase de educación física me agotó; tengo mucho sueño, me desvelé la noche anterior haciendo la tarea de química, la maestra acaba de entrar. La compañera que siempre compite con mi amiga Patita está furiosa, sabe que no pudo comprobar la hipótesis del experimento que nos dejó la maestra y sus notas serán más bajas que las nuestras. Me siento mal pero la ilusión de mi primera cita que tanto espero desde hace dos días me da fortaleza, estoy emocionada.

— Sigue, ¿puedes seguir viendo lo que te pasa? Estas cerca, toma tu tiempo

— Estoy sentada en la primera butaca frente a la maestra, de pronto una madre de familia de otro grupo llegó para tratar un asunto que desconozco. La maestra sale y pide que chequemos la tarea mientras regresa, a la distancia, bajo la sombra de un árbol la maestra tiene una plática muy animada con la señora; se tarda más de lo debido y el grupo empieza a platicar cada vez más fuerte. De pronto me empiezo a sentir atarantada, la algarabía de mis compañeros me molesta, busco a Patita, pero salió al baño. Un desvanecimiento hace presa de mí y caigo al suelo, la vista se me nubla y veo borroso, el grupo tarda en reaccionar para brindarme ayuda, todos están en una indisciplina sin ningún control, quiero incorporarme pero no puedo, no puedo…

En ese instante Luqui rompió en llanto, empezó a gritar y a decir frases incompletas. El anciano no se inmutó, sabía de las crisis y lo mejor era no compadecer a la joven viajera en ese momento, tomó la palabra y trató de tranquilizarla.

— Todo está bien, eres valiente, vas muy bien, toma tu tiempo y enfrenta la situación, es tu momento de enfrentar tus miedos, tener miedo está bien, pero rendirse a punto de lograr la victoria es un acto cobarde, tú no eres de esas personas, toma tu tiempo, estoy a tu lado, no lo olvides, llora todo lo que tengas que llorar, sufre todo lo que tengas que sufrir pero no olvides que tienes muchas razones para enfrentar esos temores. Toma tu tiempo y cuando lo consideres oportuno sigue contando la situación en que te encuentras

— ¡No! ¡Por favor! ¡No se burlen! ¡Váyanse! ¡Déjenme en paz! ¡No se rían! ¡Patita ayúdame! ¿Dónde estás?

— Luqui, escúchame, no vivas la experiencia, solo mírala para que puedas contarme lo que sucede y así poder ayudarte, no abras los ojos, continua. Si consideras necesario volver a vivir tu martirio está bien, ¡Vívelo! Pero luego salte de esa sensación y observa que pasa de manera exacta, no omitas nada, toma tu tiempo, eres una jovencita muy valiente

— Me veo en el suelo, Patita no está. La compañera que es desleal para obtener sus calificaciones se burla de mí junto con sus amigas, les pido ayuda y se ríen más, no puedo soportarlo, me señalan con desprecio, están felices de que haya estado a punto de desmayarme. Mis demás compañeros no hacen nada. Volteo hacia afuera y la maestra parece no darse cuenta, de pronto ella miró hacia el salón y no se percató de la burla de que era objeto, miró y no hizo nada, ¿se daría cuenta? No lo sé, pero ayúdeme maestra, ayúdeme por favor, deje de reír y venga a calmar este martirio. Patita acaba de entrar, pero se queda paralizada, no me ayuda a levantarme, no pide auxilio a la maestra, ¿qué le pasa? Necesito su ayuda. De pronto la joven que estaba gozando con lo que me pasaba se me acercó y me hizo unas muecas de desprecio, sus compañeras hicieron lo mismo y nadie pudo ayudarme. Patita salió corriendo del salón y la burla se generalizó entre aquellas malvadas jóvenes. El resto del grupo se quedó en silencio, no atinaban la manera de actuar. Las burlas siguieron más y más intensas, nadie pudo ayudarme, que sola me sentí en esos momentos, me sentí la persona más desdichada del universo. Patita regreso casi de inmediato, la maestra la seguía, me ayudaron a ponerme de pie y me sacaron del aula, a espaldas de la maestra ellas seguían burlándose con muecas de desprecio. Mandaron traer a mi madre, cuando llegó me sentía muy débil y muy lastimada, jamás mostré desprecio o me burlé de aquellas compañeras, siempre estuve dispuesta a brindarles mi ayuda; no merecía esto. ¿Qué les hice?

Luqui rompió en llanto nuevamente, era una protesta gritada al viento en busca de respuestas, era una angustia reprimida durante mucho tiempo, era reconocer donde inició su gran problema. La voz que le acompañaba en su viaje la dejó desahogarse, era necesario, necesitaba que no quedara nada, que los resentimientos abandonaran el lugar que durante todos esos años habían estado ocultos en algún lugar de su mente. Pasó la segunda crisis del viaje y entonces decidió entrar en contacto de nuevo.

— Bien, creo que ya estás mejor. Ahora vas a demostrarle a esas personas que eres mejor que ellas, que no lograrán vencerte, quiero que pienses que fue lo que necesitaste en esos momentos tan dolorosos en que estaban dañándote a placer, no busques ayuda en las personas que estaban a tu lado. Encuentra que hubieras necesitado para enfrentar a las jóvenes que se burlaban de ti, no te apoyes en la maestra, no pidas el auxilio de Patita; es una lucha interior, busca dentro de ti, no busques fuera, ¿qué necesitas hacer para salir victoriosa? No desesperes, la respuesta llegará a ti, no te apresures. Espera, ten paciencia, mira nuevamente a la joven que estaba en el suelo y piensa como podría vencer a sus adversarias

— Entiendo, en estos momentos estoy viéndome en el suelo y lo que necesito es coraje

— Muy bien, ¿y cómo emplearás ese coraje?

— Es un coraje personal no en contra de ellas, es un coraje que me lleve a ignorar sus burlas, a enfrentar sus miradas y que me ayude levantarme frente a ellas sin sentirme ofendida

— Creo que eso está muy bien, ahora quiero que le des a esa Luqui de la secundaria que está en el suelo ese coraje del que hablas, acércate a ella y dale lo que le hace falta

— Muy bien, me estoy acercando… ¡No! ¡Déjenme! ¡Váyanse! ¡Aléjense de mí!

— ¿Qué pasa? No te rindas Luqui, que estás viendo, que escuchas, que sientes en estos momentos

— Estoy aterrada, apenas me acerqué y se me vinieron encima, las muchachas malas se convirtieron en los fantasmas de rostro indefinido, no lo soporto, voy a abrir los ojos

— ¡No Luqui! ¡No lo hagas! Ella te necesita, no la dejes tirada en el suelo a merced de sus burlas, resiste, puedes lograrlo, no hagas caso de ellas, escucha mi voz, no pueden hacerte daño, eres más fuerte que ellas, toma un poco de ese coraje que tienes entre las manos y enfréntalas, no te rindas, estas a punto de lograrlo...

— Quítense, a un lado, a un lado, estoy avanzando, sus rostros indefinidos casi chocan con el mío, tengo miedo pero seguiré adelante

— Muy bien, mi voz te acompaña, estoy contigo, sigue, llega con esa Luqui tirada en el suelo, entrégale ese coraje y déjala sola ya no te necesitará más

— Los rostros indefinidos siguen burlándose, se ríen muy fuerte, lastiman mis oídos

— No las escuches, solo atiende mi llamado, ¡Sigue adelante! ¡No te detengas!

— ¡No! ¡No se la lleven! ¡La están arrastrando!

— Alcánzala y entrégale el coraje que necesita, vamos, ya casi lo logras

— Está bien, allá voy, a un lado, toma pequeña Luqui, toma este coraje y enfréntalas, no pueden vencerte. Muy bien pequeña, ahora que ya lo tomaste hazlo parte de ti y úsalo

— Muy bien, ahora déjala sola y solo observa, lo que sigue ya no te corresponde, déjala a ella, observa y comenta, solo eso

— Se está levantando, los fantasmas desaparecen, las muchachas han cambiado su actitud burlesca por una de total asombro, ahora las está ignorando, se siente cansada, pero con suficiente valor para sostenerles la mirada; la principal causante del ataque que recibió ahora baja la mirada, ha sido derrotada y las demás también se han doblegado ante la muestra de coraje y determinación mostrados, Patita regresa del baño y la abraza; la maestra investiga lo que pasó y lleva a las infractoras a la dirección escolar

— Está bien Luqui con eso es suficiente, deja a la joven Luqui de esa época y vuelve conmigo, ya puedes abrir los ojos, no desesperes, si gustas dile adiós, despídete con una sonrisa y déjala ir, ahora es libre y tú también, la has liberado, has vencido a esos fantasmas que atormentaron tu vida durante tantos años

— Me siento diferente, una paz interior desconocida embarga todo mi cuerpo, ¿qué me pasa?

— Nada malo jovencita, esa sensación es la paz que tanto anhelabas, fuiste muy valiente. Tengo un poco de calor, ¿te gustaría acompañarme hasta el algodón para que podamos sentarnos y seguir con nuestra conversación?

— Pero…

— No hay peros, se acabaron, eres libre, ya no más encierro

El anciano se encaminó a la puerta, la abrió e hizo un ademán de cortesía para que la joven fuera la primera en salir. Hubo un momento de titubeo, miró hacia afuera y los guardianes habían desaparecido, ¿estarían escondidos para sorprenderla de nuevo como cuando intentó salir por la zanja? Experimentó una sensación de temor, pero muy leve. Empezó a caminar despacio, llegó a la puerta y nada, se detuvo mientras el anciano seguía sonriendo, no dijo nada, estaba esperando que la joven tomara su tiempo, era algo natural después de vivir con ese miedo tan arraigado. Luqui respiró profundo y avanzó, un paso a la vez, lento pero más seguro a medida que acortaba distancia entre ella y el árbol de algodón. Llegó hasta su amigo silencioso mientras el anciano la seguía, mostraba un rostro satisfecho después de la experiencia que había vivido la joven, no fue fácil, pero ella era muy valiente.

— Muy bien, tome asiento por favor señor, le cedo mi mecedora preferida

— No hija, siéntate tú, yo me sentaré en la otra

— Es que es un gusto para mí que usted se siente en ella;
además quiero romper con ese patrón de conducta

— Veo que has aprendido bien lo que hemos platicado, ante
estos argumentos te tomó la palabra

Después de sentarse siguieron platicando como si nada hubiera
pasado, la confianza que inspiraba ese señor que había aparecido de repente la hacía sentirse muy bien y más ahora que podía
respirar su libertad, seguiría platicando con su inmóvil amigo de
infancia, el jardín sería atendido nuevamente entre su madre y ella
¡Cuántas cosas por hacer!

— Existe algo que me inquieta

— ¿A qué se debe su inquietud señor?

— Cuando me dijiste tu nombre, traté de recordar si ya lo había
escuchado anteriormente y creo que eso no ha sucedido,
¿qué significa o cuál es su origen?

— Es algo muy especial para mí, es una contracción de dos
nombres. Cuando nací mis hermanos ya iban a sus primeros años de escuela. Mis padres no se ponían de acuerdo
en que nombre llevaría, unos decían que mi parecido con
Enrique era más visible que con Lucía, pero otros decían
lo contrario. Una mañana mis padres estaban desayunando
temprano, creo que era un domingo, hubo un momento en
que mi madre se puso muy seria y mi padre luego imaginó
que algo se le estaba ocurriendo, le voy a citar exactamente
lo que ocurrió en ese día tan singular.

Luqui estaba emocionada recordando el origen de su nombre, su interlocutor escuchaba con mucha curiosidad y se imaginó el momento en que se llevó a cabo el nacimiento de ese nombre que jamás había escuchado.

— ¿Qué te parece si perpetuamos el nombre de nuestros dos hijos en la niña?

— No te entiendo Amada, ¿a qué te refieres?

— Es muy fácil, nunca nos hemos puesto de acuerdo en el nombre que vamos a poner a la niña, además tú dices que se parece mucho a Quique, pero yo pienso que a Lucía, ¿por qué no fusionamos los nombres?

— ¿Cómo sería eso?

— Muy fácil, si ponemos la primera sílaba de Lucía que es Lu y la última de Enrique tendríamos lu y que por lo que se formaría la palabra luque

— Pero eso no suena muy bien

— Ya analicé eso y que tal si en lugar de la última sílaba de Enrique tomáramos la primera de Quique, ¿cómo quedaría?

— Luqui, suena bien, Luqui, ¡Sí! Sería único y muy apropiado

Luqui terminó su relato emocionada, le gustaba su nombre y se sentía muy orgullosa por la decisión de sus padres aquella mañana de domingo.

— …Y ese es el origen de mi nombre, es una historia que era exclusiva de la familia y digo era porque por primera vez la comparto y me da mucho gusto que sea a usted

— ¡Es un bello nombre!

— Gracias, me gusta escuchar eso de parte suya y de nuevo gracias por ayudarme a que me liberara de mis carceleros

— Nada tienes que agradecer, fuiste valiente y ya estabas pre-parada para realizar ese viaje, entiendo que es un recorrido muy doloroso pero a la vez necesario. Mucha gente busca respuestas en lugares equivocados, se pasan la vida tomando decisiones erróneas a sus problemáticas. Tú querías volver a tu situación anterior, querías llevar una vida normal, realizar actividades propias de tu edad pero las acciones que emprendías no eran las correctas y no es que sea malo intentarlo, sino dejar de hacerlo, rendirse sin haber luchado; fuiste perseverante y aunque hubo un tiempo en que estuviste pasiva, en tu mente nunca murió la esperanza, siempre conservaste el deseo de una vida mejor. Tu derecho a la libertad, a ser feliz nunca lo borraste por completo y las palabras del abuelo en su carta de despedida fueron como semillas de valor que se plantaron en tu mente y germinaron irradiando un resplandor lleno de vitalidad dispuesto a bañar con su luz cualquier lado oscuro de tu vida. Los fantasmas no venían de fuera, no estaban en la puerta, ellos se alimentaban con tus recuerdos, entre más miedo sentías más fortalecidos estaban y es por eso que no podías desterrarlos; buscabas fuera lo que traías dentro.

— Tiene razón en todo lo que dice, estaré siempre agradecida con usted, estará en mis oraciones al igual que los abuelos

— El agradecido soy yo por tu gentileza, me recibiste sin conocerme y eso habla de tu nobleza de espíritu; tengo que partir, ya he descansado suficiente, cuando quieras cruzar la puerta tendrás que tener un motivo muy poderoso para cruzarla, ya puedes hacerlo, pero la duda que existe todavía en ti no te dejará, lo puedes hacer, debes tener plena confianza en ello

— ¿Cómo sabré cuándo aparecerá ese motivo poderoso? ¿Existe una forma para reconocerlo?

— Despreocúpate, llegará más pronto de lo que te imaginas

— En serio, ¿es verdad lo que me dice?

— Tan cierto como que ya saliste de tu casa y ahora estamos bajo la sombra de tu gran compañero de años

— Lo voy a extrañar, ¿regresará algún día?

— No lo creo, pero siempre te recordaré y mientras no borres la figura de este viejo en tu mente, siempre existiré para ti; antes de retirarme quiero dejarte este regalo. Contiene la fórmula para avanzar por el camino correcto cada vez que te despiertes a un nuevo día. No lo abras, cuando llegue el momento tu corazón te guiará a que veas su contenido, guárdalo como símbolo del viaje que hicimos juntos.

— No entiendo que me pasa, pero siento que lo quiero, jamás me separaré de su regalo, tengo un alhajero muy hermoso para colocarlo ahí

La despedida incluyó un largo abrazo. El anciano estaba feliz de haber cumplido con su misión de ayudar a las personas. Ella lloraba de felicidad, las lágrimas no quemaban su rostro como en otras ocasiones, no volvería a ver al inesperado viajero, pero jamás se olvidaría de él y la gran experiencia que vivió a su lado en ese viaje imaginario donde pudo rescatar a la adolescente que clamaba por su ayuda desde hacía casi cinco años. Además la cajita metálica en color dorado estaría junto a sus grandes pertenencias: el alhajero, la carta del abuelo y la carta de Omar Alejandro. El caminar del anciano rumbo a la salida lo hizo sin voltear atrás, Luqui esperó de pie a que se perdiera de su vista, ya en la calle aquel hombre lleno de sabiduría se dio la media vuelta y un adiós con su brazo extendido fue el último instante en que ella lo miró. Estaba contenta, la tristeza de no volver a verlo mitigó con las últimas palabras que tuvieron bajo la sombra, sentados en las mecedoras blancas y con el regalo recibido, ¿qué contenía? Lo ignoraba, pero llegado el momento ella lo sabría. Minutos después el anciano desapareció, se quedó de pie un rato más, nunca hubiera imaginado la manera en que vencería a sus enemigos internos. De pronto recordó el viejo sombrero que había quedado olvidado sobre la silla del comedor, el anciano lo necesitaba, era necesario en ese tiempo donde el calor ya se hacía sentir fuerte. Corrió y tomó aquel accesorio de palma, salió de la casa para alcanzar a quien la había acompañado durante casi toda la mañana. En su carrera no pensó en la puerta que da a la calle como un obstáculo, pasó a través de ella apresurada, tenía que alcanzar al anciano, él necesitaba de su sombrero. La puerta quedó atrás y Luqui seguía corriendo, no se detendría hasta lograr su objetivo.

Mientras tanto, Doña Amada y Don Roque llegaban a la casa con paso cansado, como no queriendo llegar, sus rostros reflejaban un gran pesar. Entraron a la casa y Don Roque pasó a la sala, esperaban encontrar a Luqui sentada, pero no estaba.

— ¡Qué extraño! Luqui siempre está en la sala. Seguramente estará dormida en su recámara

— No la moleste Doña Amada, déjela descansar, con la noticia que traemos es mejor así

— Tiene razón Don Roque, ¿quién vendría? Hay tres vasos sobre la mesita de centro

— A lo mejor vinieron algunos de sus amigos

— No lo sé, tal vez los muchachos vinieron a darle una vuelta por la mañana temprano

— ¿A qué muchachos se refiere?

— A unos jóvenes que la visitaron hace poco, uno es novio de Patricia y el otro es un amigo de la secundaria. Pero, ¿qué le parece si nos vamos a la sombra del algodón? Podríamos despertar a Luqui

— ¡Buena idea Doña Amada! Creo que es lo mejor

Don Agustín llegó casi detrás de ellos y recibió la triste noticia; Don Chavita no había llegado, la única esperanza se había esfumado. Los tres estuvieron bajo el árbol taciturnos, cada uno imaginaba como recibiría la noticia la joven llena de ilusiones que esperaba desde temprano. El momento esperado para dar la noticia sería cuando ella saliera de su habitación, ¿Quién se lo diría?

Mientras tanto a unas cuadras del lugar, Luqui alcanzó al anciano. Lo abrazó de nuevo e iniciaron una pequeña conversación para despedirse definitivamente.

— Qué bueno que lo alcancé, camina muy rápido, le traje su

sombrero, no podía permitir que usted padeciera más calor a causa de andar descubierto

— Te agradezco tu interés, este sombrero tiene años conmigo, es muy fresco

— Pues me alegra que ya lo tenga en su poder de nuevo

— Luqui, ¿cómo lo hiciste?

— ¿Qué hice? No lo entiendo

— ¿Dónde estás en este momento?

La cara se le iluminó por completo, la verdad apareció contundente. ¡Lo había logrado! ¡Estaba fuera! ¡Había cruzado la puerta! ¿Cómo lo hizo? Y entonces comprendió: El sombrero del anciano se convirtió en un gran motivo, fue por eso que ignoró todas las angustias que había sufrido al acercarse a la puerta. El anciano tenía razón.

— Usted sabía que esto pasaría, ¿por qué no me lo dijo?

— Porque entonces tu acción no se hubiera convertido en ese gran motivo. Lo lograste y cuando regreses el temor habrá desaparecido por completo, ya no sentirás nada. Acabas de superar la última gran prueba para sentirte verdaderamente libre. Eres completamente libre ¡Felicidades jovencita! Bueno me despido, creo que ya me retrasé un poco

— ¿Qué rumbo lleva?

— Voy en busca de la última persona que visitaré para acompañarla en su viaje hacia la liberación antes de partir para siempre

— ¿Cómo sabe que eso sucederá?

— Lo sé hija, ya estoy muy viejo y cansado. Creo que pronto estaré con tus abuelos. No me siento triste por dejar este mundo, he vivido intensamente haciendo siempre lo que me gusta. No pienso en el momento de mi partida, llegará solo, mientras eso sucede esa persona espera por mí

— Me enternecen sus palabras y lo admiro más, le deseo lo mejor

— ¡Adiós hija! Vive tu vida ahora que has recuperado tu libertad

El anciano siguió su camino, su paso cansado por tantos años a cuestas no le impedían avanzar de manera firme, antes de que se perdiera a la vuelta de una esquina Luqui le gritó desesperada

— Oiga, no me ha dicho su nombre

El anciano volteó y mostró una gran sonrisa, detuvo su paso para responder

— Me llamo Salvador, me dicen Don Chavita y para los amigos soy Chavita nada más, cuando te pregunten por mí, diles que Chavita estuvo contigo, no me llames Don, para ti soy Chavita, no lo olvides

Luqui no supo que contestar, ¿sería él la persona que vendría con Don Roque y su madre después del trabajo? ¿Qué razón lo obligó a adelantar su visita? Chavita desapareció y todavía se quedó un rato más. Terminó sus cavilaciones y regresó a casa. No iba apresurada, lo fuerte del calor no afectaba el gozo que sentía al caminar por la calle, desierta en esos momentos. Cuando llegó a la puerta sus padres y Don Roque se quedaron sin habla. Corrieron hacia ella para fundirse en un gran abrazo. Don Roque no podía contener las lágrimas, observaba gustoso y se unió a la felicidad de aquella familia. Después de que pasó la efusividad del momento Luqui empezó a narrar lo que pasó durante la mañana y de cómo había superado sus miedos, no omitió detalle, se sentía muy bien al hacerlo

— …Y así fue como pude recuperar mi libertad

— ¡Qué bueno hija! Nosotros estábamos muy tristes, creímos que dormías en tu recámara y esperábamos a que salieras para comunicarte que Don Chavita no había llegado

— Así es Luqui, desconozco las razones, pero no llegó

— Fue muy desesperante hija, cuando llegué y me encontré

con tu madre y Don Roque bajo el algodón sentí que algo andaba mal, me dieron la noticia y me uní a la pena que tenían

— ¿Quién es ese señor que te ayudó a viajar y que le llevaste su sombrero de palma?

— Se llama Salvador, lo conocen por Don Chavita y para los amigos es Chavita

— ¿Don Chavita estuvo aquí? ¿Se vino directo a tu casa?

— Así es Don Roque, creo que lo que tenía que hacer requería de soledad, si hubieran estado ustedes tal vez hubieran interrumpido el proceso de mi viaje y no sería libre

— Tal vez tengas razón, pero bueno, lo importante es que Don Chavita no nos falló, cumplió y eso es lo importante

— Oigan, ¿ya comieron? Creo que ya es hora

Todos rieron ante el comentario de Don Agustín. Pasaron a la cocina comedor y continuaron platicando en un tono más relajado. Luqui y su madre se encargaban de hacer la comida mientras los dos hombres se disponían a lavar unas naranjas y preparar una refrescante naranjada. Fue una comida muy emotiva. Estaban ansiosos de que todos se enteraran del gran acontecimiento.

Luqui pasó la tarde en su recámara, un gran cansancio la invadía, muchas emociones habían pasado por su mente y quería descansar. Tuvo un sueño profundo, no sintió el pasar de la tarde hasta que los gritos de sus sobrinos la despertaron. Era de noche cuando salió de su recámara, sus hermanos estaban felices por la noticia recibida. Don Agustín había pasado a sus casas para avisarles. La felicidad familiar era plena, la visita se convirtió en una velada muy agradable. Cuando Luqui regresó a su recámara después de esa convivencia tan hermosa, se dispuso a guardar en el alhajero el regalo de Chavita, encajaba perfectamente en el otro cajoncito. De pronto todos los departamentos estaban ocupados, un recuerdo especial se encargaba de llenar a cada uno de ellos: la carta del abuelo, la cajita de Chavita y la carta de Omar Alejandro, ¿qué pasaría más adelante? No lo sabía, dejaría que las cosas tomaran su curso, pero esa noche soñó, soñó mucho con Omar Alejandro, se miró llevando a sus sobrinos a la escuela, disfrutó imaginando como sería el arroyo, estudiando para estar preparada en sus sesiones de todos los sábados y visitando el lugar secreto de los abuelos, tenía curiosidad por ver las iniciales marcadas en la roca, ¿cómo estarían ordenadas? Pronto lo averiguaría.

CAPÍTULO XII

LA LAGUNA

(El gran secreto del abuelo)

— Luqui, ¿eres tú? ¿Der verdad qué eres tú? Saliste amiga, lo lograste

El encuentro fue muy emotivo, Paty jamás imaginó que su amiga estuviera en la panadería acompañando a su mamá. Abrazó a Luqui una y otra vez. Estaban felices, parecían un par de niñas. Los adultos observaban complacidos y se contagiaban del entusiasmo de las dos grandes amigas.

— Me siento feliz, feliz de verte amiga, el sábado voy a ir a tu casa y me tienes que platicar todo, que hiciste para salir adelante, Don Chavita no vino, todos nos sentimos muy tristes ayer que supimos de su ausencia; en la escuela me pasó lo mismo y Raúl Alberto también se contagió de tristeza cuando supo la noticia

— Estás equivocada Patita o mejor dicho, estaban equivocados, Chavita si vino, pero no llegó a la panadería, fue directo a mi casa y estuvo toda la mañana platicando conmigo, yo no lo supe hasta que me despedí de él a varias cuadras de la casa

— Me da gusto por ti Luqui, ya merecías esa libertad que te habían quitado

— No Patita, la libertad me la quité yo, la prisión la generé yo misma al permitir que otras personas entraran en mi mente y me dominaran con sus actitudes, luego te contaré

— Discúlpame Luqui pero creo que Paty estará desesperada por saber los acontecimientos del día de ayer

— Es cierto Don Roque, pero son horas de trabajo, solo vine a saludar y acompañar a mi madre para platicar fuera de casa

— Nada de saludar, si Doña Amada está dispuesta a cubrir tu trabajo (Dirigiéndose a Patricia con una sonrisa) te doy permiso de que pases la mañana con tu amiga, ¿qué opina Doña Amada? Además yo le ayudaría cuando venga mucha gente

— Encantada Don Roque, claro que cubro el puesto de Patricia

— Entonces no se diga más, Patricia estás liberada por este día y sin descuento de sueldo

— ¡Gracias Don Roque! ¡Gracias Doña Amada! De verdad que este gesto es uno de los mejores regalos que voy a recordar

Se despidieron apresuradas, tenían tantas cosas por platicar que imaginaban que no les iba a alcanzar la mañana. Abandonaron la panadería y sus pasos las encaminaron rumbo a la plaza. Al llegar Luqui no perdió detalle, observaba todo, perecía que las cosas no habían cambiado mucho, los mismos árboles, las bancas iguales aunque se notaba que ya habían sido retocadas varias veces y el árbol de la esquina donde se reunían los del grupo. Tomaron asiento en la banca que Omar Alejandro había visto vacía años atrás, símbolo de un rechazo discreto a sus intenciones de amor.

— A ver cuéntame todo desde el principio, quiero saberlo sin que me omitas detalle alguno, tengo toda la mañana antes de alistarme para asistir a la universidad

— En ocasiones Patita, la vida te ofrece oportunidades que dejas pasar debido a que permites que otras personas manejen tus sueños, eso me pasó a mí, tal vez no lo comprendas, pero cuando termine de contarte entonces entenderás lo que quiero decir.

— ¡Claro amiga! Te escucho con atención

Luqui inició su relato desde que estaba en la sala y vio entrar al anciano que era hasta entonces un gran desconocido, por alguna razón ella no sintió temor por su llegada tan inesperada y hasta decidió compartir con él una naranjada. No se detuvo al inicio, pero cuando llegó a la parte del viaje que realizó se alteró un poco, Paty la abrazó y después de un tiempo continuó de manera más fluida, al terminar su gran amiga estaba sin palabras, no atinaba a pronunciar una sola frase, aunque fuera pequeña, estaba impactada por todo el sufrimiento que estuvo presente en la mente de su amiga durante tanto tiempo. Después del prolongado silencio, un silencio necesario para poder meditar sin prisa alguna, atinó a decir:

— Creo que hasta este momento me doy cuenta de la verdadera angustia que sentías cada vez que te enfrentabas a esos seres tan malvados

— Y pensar que la solución siempre estuvo a mi alcance

— Pero no lo sabías, eras como un marinero buscando dirección cuando ha perdido la brújula que lo guía a su destino

— No Patita, era como el marinero que busca dirección y no la encuentra debido a que no tiene la brújula en su mano; se siente desesperado dirigiendo su barco sin rumbo fijo, navega y navega sin llegar a puerto, hasta que llega el capitán y le dice que busque en su bolsa, entonces se da cuenta de que la brújula siempre estuvo con él. Así era yo, no podía ver la dirección a seguir, la solución siempre estuvo a mi alcance y nunca me di cuenta, hasta que llegó un buen capitán ¡Un anciano llamado Chavita!

— Me hubiera gustado conocer a ese noble anciano, ¿dónde estará en estos momentos?

— Según me contó, se seguro ha de estar en camino a esa persona que espera por él

— ¿Quién será esa persona? ¿Sabrá que Don Chavita va en busca de ella?

— Es lo más probable, Chavita siempre llega cuando las personas están listas para realizar el viaje liberador

— ¿Cómo saben las personas si ya están listas?

— No lo saben, pero en su mente empiezan a surgir de nuevo ilusiones por cumplir; los sueños son diferentes, se deja de pensar en los conflictos y se enfocan más en las soluciones. Es cuando lo intentas una y otra vez aunque no lo logres, te duele y quieres seguir, te conviertes en un luchador porque sabes que tus sueños son más grandes que tus temores; jamás pierdes la esperanza. En el día, mientras estás despierta no te das cuenta de estas situaciones, pero cuando duermes algo en tu mente está enviándote señales para que no te rindas y que busques a alguien que te indique donde está la brújula de tu vida; perdiste el rumbo, pero mientras tengas la brújula, en un momento de tu vida llegará ese marinero. Ten la seguridad que ese alguien no lo sabe, pero Chavita ya está en camino.

— ¿Cuántos Chavitas habrá en el mundo?

— Lo ignoro Patita, pero jamás lo olvidaré. Él me enseñó que soy dueña de mi vida y que nunca debo permitir que otras personas se apoderen de mi felicidad. Antes de llegar a la panadería mi madre me explicó el motivo por el cual la maestra de química estuvo en la casa ese día, era para que yo participara en un foro de algo que no pudo recordar, había sido seleccionada para representar a la escuela, ellas estaban gustosas platicando en la cocina y sus hijas se desvivían en halagos por mi cabello largo; mientras eso pasaba en el interior de mi casa yo observaba y por alguna razón pensé cosas diferentes, prejuzgué y eso detonó mi encierro de casi cinco años

— Ahora que lo mencionas, ¿recuerdas que cuando llegué del baño me quedé paralizada y no pude ayudarte?

— Como no recordarlo amiga, eras mi salvación y cuando apareciste con mis ojos imploré tu ayuda, pero no llegó, me sentí abandonada, era horrible mirar a todos desde el suelo, parecían enormes paredes que me tenían atrapada

Al decir esto Luqui experimentó estar de nuevo dentro del sueño donde grandes montañas le impedían salir del hermoso valle donde se encontraba, ahora lo comprendía; sus compañeros que fueron testigos de lo sucedido en el salón de química se mostraron como simples espectadores, formaron una valla a su alrededor sin atinar a poner un poco de su parte para ayudarla en esos momentos tan desagradables, pero no actuaron ¡La dejaron sola!, entonces otra verdad se reveló: ¡Ellos eran la cadena montañosa! ¡Ellos encerraban al valle de su sueño!

— Lo que experimentaste amiga tal vez te pareció una eternidad, pero cuando me di cuenta de lo que pasaba no tarde ni tres segundos en reaccionar, te miré tirada y tu rostro pedía ayuda a través de tus ojos, no hablabas, no gritabas, pero con tu mirada me dijiste todo; corrí hacia afuera para hablarle a la maestra, efectivamente estaban sonriendo porque aquella señora era la presidenta de la Sociedad de Padres y el asunto era relacionado con la comida que nos tenían preparada para después de nuestra graduación, cuando le informé sobre lo que sucedía dentro del aula volteamos y tú no te mirabas, los compañeros del salón que estaban parados no dejaban que te vieras, por eso la maestra no acudió cuando empezó todo; lo demás ya lo sabes, corrimos en tu auxilio y luego mandaron por Doña Amada

— Ahora que veo las cosas de manera diferente siento que muchas piezas se están acomodando, no me molestan, pero son necesarias para que mi mente pueda estar más tranquila, pero aun así Patita, me queda una duda

— ¿Qué es lo que te inquieta?

— ¿Por qué lo hicieron? Es decir, si nunca me metí con ellas, si les prestaba mis trabajos cuando me lo solicitaban, entonces, ¿qué les hice para que me trataran tan mal?

— Si esta pregunta me la hubieras hecho entes de esta conversación no te habría podido contestar. Pero si estoy en lo cierto creo que tengo la respuesta. La compañera que tanto se burló de ti siempre estaba pidiendo tareas, cuando no era a ti me preguntaba a mí, como que tenía un rol para copiar nuestros trabajos, en lo personal nunca me molestó ayudarla ¿y a ti Luqui?

— ¡Tampoco! Siempre ayudé a quien me lo solicitó

— Bueno, el caso es que dos días antes Omar Alejandro me pidió de favor que te entregara una carta. Estaba tan temeroso de que se la regresaras que no quiso dártela personalmente, así que acudió a mi ayuda

— ¿Qué hiciste entonces Patita?

— Busqué la manera de meter la carta en tus cosas sin que te dieras cuenta

— ¿Cómo hiciste eso?

— Fue muy fácil, ese día yo revisé primero que tú la tarea de matemáticas, el maestro se entretuvo mucho contigo y aproveché la ocasión, a nadie le extrañó que tomara tus cosas, todos sabían de nuestra gran amistad

— ¿Qué tiene que ver todo esto con mi pregunta?

— ¡Todo amiga! Ese día nuestra desleal compañera se fijó muy bien y me preguntó que si que estaba haciendo

Luqui estaba muy atenta, desconocía esos detalles y el rompecabezas estaba tomando forma, todo se estaba acomodando, Paty le relató la manera en que sucedieron las cosas ese día.

— ¿Qué haces Paty?

— Nada, solo que olvidé mi compás y Luqui siempre trae dos

— No me refiero a eso, sino a que estás metiendo en la libreta

— ¡Nada! Ya te dije lo que ando buscando

— ¿Es una carta verdad? ¿De quién es?

— ¡No lo sé! Ya estaba ahí

— No es cierto, te miré cuando la sacaste de tu mochila

— Bueno, si así fuera creo que es algo muy personal

— Tienes razón, pero es que la curiosidad me está matando. No me dejes con la duda ¡Dímelo!

— Está bien, es de Omar Alejandro, pero no digas nada

— ¡Descuida!

Paty terminó de contar todo lo que pasó cuando depositó la carta en la mochila de su amiga. La mañana se estaba yendo más rápido de lo que imaginaron. Les quedaba una hora de tiempo antes de despedirse.

— Cuando le dije quién te enviaba la carta trató de disimular su coraje, pero no fue suficiente, su "Descuida" fue acompañado por una mueca de envidia, se notaba que Omar Alejandro le gustaba y que esa carta debería ser para ella y no para alguien más

— Entonces por eso reaccionó de esa manera

— Es lo más probable, desde ese día noté como se acercó más a él y de cómo te miraba.

— Ahora caigo en cuenta, el jueves no me saludó por la mañana y lo mismo sucedió el viernes, parecía enojada conmigo

— Creo que la carta de Omar Alejandro desató los sentimientos que siempre había tenido hacia ti, te tenía envidia y eso le despertó el rencor y desprecio que tanto daño te hizo ese día viernes

— A pesar de todo no le guardo rencor, si me la encontrara y me saludara yo respondería a su saludo

— ¿Tan buena eres amiga?

— Lo que sucede es que lo que ella siente no necesariamente tiene que ser correspondido, si ella tiene rencor hacia mí es su sentir, si permito que ella me contamine con sus sentimientos negativos entonces me voy a convertir en alguien igual que ella y quien odia no es feliz

— Tienes razón, pero ¿cómo evitar sentirse tranquila cuando otras personas quieren hacerte daño? Eso te pasó a ti amiga

— En eso estoy de acuerdo contigo, no me sentí tranquila, me desconcertó su actitud de ese día, pero jamás he sentido rencor hacia ellas. De hecho hasta que realicé el viaje pude recordar esas miradas burlescas, ¿recuerdas lo que te dije al principio?

— ¿Qué otras personas manejen tus sueños?

— Así es, gracias a que permití que sus actitudes afectaran mi forma de pensar tuve que pagar un precio muy caro. Habrá personas en el mundo que te odien aunque no las dañes, tú no puedes evitar los sentimientos de envidia que tienen otros seres humanos, no es tu culpa; pero si eres responsable de que esos sentimientos afecten tu vida. Me dañaron, sí, pero porque yo lo permití. No importa que tan buenas sean tus intenciones o que tan alejada te mantengas de ellas, pero si dejas que una actitud te afecte, con eso es suficiente para que tu felicidad se enturbie

— ¡Qué lección!

— Lo malo de esto es que las personas no se dan cuenta en qué momento permiten que las palabras de otras personas les afecten. Te lo digo por experiencia, esas palabras, esas actitudes me hicieron mucho daño, yo no lo sabía en esos momentos, pero las consecuencias surgieron a los pocos días, no fue necesario esperar tanto. Pero todo eso quedó en el pasado y ahora me siento muy contenta de estar aquí contigo

— Entonces sigamos disfrutando tu regreso a la libertad, ¿te gustaría probar un raspado de tamarindo? ¡Ya hace calor!

— Claro, no pruebo uno desde la secundaria, ¿te acuerdas?

— ¡Cómo olvidar esos tiempos!

Se levantaron de la banca y fueron a la refresquería de la esquina, pidieron sus raspados de hielo con miel de tamarindo para mitigar el calor que ya se estaba sintiendo. Regresaron a la banca donde antes habían estado y continuaron con su plática disfrutando su preparado de hielo molido.

— Amiga ¿Recibiste la carta? Nunca te he preguntado

— La leí ese mismo día, pero una sola vez. Llegué a mi casa y la guardé. Estaba contenta de que Omar Alejandro me haya escrito algo tan hermoso, nunca lo hubiera imaginado; la guardé en el alhajero que mi abuelo me regaló el día de su muerte y hasta hace poco la volví a leer

— ¿Quiere decir que siempre la tuviste guardada sin abrirla de nuevo? No lo puedo creer

— Pues créelo Patita, acuérdate que en esa semana, justo a los dos días pasó lo de mi amarga experiencia en el salón y en esa fecha estaba citada en esta misma banca para decirle que sí o no a Omar Alejandro

— ¿Te citó en este lugar?

— Pues sí, pero no pude asistir, tal vez se bloqueó en mi mente por lo que ya sabes, hasta ahora que me trajiste noticias suyas recordé esta cita que jamás llegó a realizarse

— ¡Pues parece que pronto estarás citada de nuevo!

— Sería maravilloso Patita, creo que lo he amado desde ese día, pero hasta ahora se vuelve a encender esa ilusión de adolescencia, aunque esa ilusión haya durado tan solo dos días

— Me da gusto escucharte, siento como si nos conociéramos apenas hace unas horas, quiero preguntarte tantas cosas, recordar los viejos tiempos, disfrutar de los paseos

— Yo también, sobre todo me gustaría estar en el arroyo, es un deseo que siempre tuve durante estos últimos años

— Pues ahora no hay pretexto amiga, dentro de tres semanas es la reunión del grupo, la van a adelantar un mes y medio porque algunos tienen que salir y no podrían estar presentes para esa fecha, somos pocos pero la pasaremos bien

— Quería ir antes, pero me esperaré, quiero recordar viejos tiempos y disfrutar de la compañía de mis antiguos amigos, vale la pena la espera

— Magnífico, entonces luego nos ponemos de acuerdo sobre todo lo que tenemos que llevar

— Mientras llega la fecha quiero conocer la casa de mis hermanos, bueno la del abuelo ya la conozco, Quique vive en ella, pero seguramente tendrá cambios, quiero ver los naranjos, conocer la recámara de mis sobrinos; tantas y tantas cosas que tengo por hacer

— Tienes la agenda completa amiga; pero qué rápido se ha pasado el tiempo, ya no llegaré a la primera clase, ¿qué hacemos amiga? Ya es hora de irme

— Tranquila Patita, quisiera quedarme un poco más, hasta que termine mi raspado, mi madre todavía tardará un buen rato en llegar y quiero disfrutar de este lugar

— ¿Estás segura de querer quedarte sola?

— Si me voy a la casa estaré sola de todas formas, prefiero estar aquí; quiero disfrutar amiga, aunque esté sola en esta banca me siento libre, ve sin cuidado estaré bien

— Siendo así, te dejo

— Que tengas una buena tarde Patita, nos vemos luego

— Te veo el domingo, Raúl Alberto se pondrá muy contento

con la noticia

— Me lo saludas

— De tu parte amiga

Luqui encontró mucha tranquilidad al quedarse sola en la pequeña plaza. Poca gente transitaba a esa hora y menos en jueves, día para dedicarlo a las actividades de diario; los jóvenes y niños estaban por salir de la escuela, los adultos estaban en sus trabajos y ella se estaba reencontrando con viejos recuerdos. Se imaginó como hubiera sido aquella cita de antaño, ¿cómo la estaría esperando? ¿Impaciente? ¿Con alguna flor? ¿Le hubiera pedido que fueran novios? Disfrutaba haciéndose este tipo conjeturas; el contenido de la carta le animaba a pensar de esa forma y en el fondo era algo muy agradable. Terminó su raspado de tamarindo y regresó a casa, Doña Amada estaba a punto de terminar su jornada en la panadería.

— ¡Qué bueno que ya estás aquí mamá!

— Si hija y traigo mucha hambre

— Pues la sopa de verduras que estoy preparando casi está lista

— Muy bien, y ¿con qué la vamos a acompañar?

— También estoy friendo unas fajitas de res que vamos a disfrutar con unas rebanadas de pepino, tomate y aguacate, siéntate mamá, en lo que te sirvo el agua ya termino

— ¡Gracias! Te agradezco, hoy fue un día pesado, el calor ya se siente en el negocio y además tú guisas muy rico, así que voy a disfrutar mucho de tu comida

— ¡Qué bueno! Estoy guisando un poco más para que papá también coma por la tarde durante la cena

— Se va a poner feliz, con eso de que le encanta la carne

— Por eso lo hago, ya lo conozco, ya ves que siempre pregunta lo que comimos a mediodía

— Así es tu padre, quisiera decir que es porque trabaja mucho, eso es cierto, pero los domingos es igual, siempre anda viendo a ver que hay para comer entre horas

— Lo bueno es que no engorda

— Pues eso que le valga, porque estaría bien robusto

— Bueno, creo que ya está, déjame servirte

— ¡Huele muy sabroso! Probemos esas fajitas

Estaban acostumbradas a comer solas la mayoría de las veces. Don Agustín le dedicaba mucho tiempo a sus siembras y la parcela de maíz prometía una buena producción, lo cual lo ponía muy contento. Era un hombre de trabajo, todos lo sabían y eso le daba un marco de respeto que todo el pueblo admiraba en él. Era la primera vez que comían en absoluta armonía, la visita de Don Chavita daba sus frutos, parecía que aquella joven que hoy platicaba animadamente con su madre, jamás había padecido de un encierro tan prolongado. Comieron disfrutando la conversación, el platillo y lo que harían en un futuro inmediato.

— ¿Qué te parece si mañana vamos a comer a casa de Lucía? Ayer me comentó que estábamos invitadas y Alicia dijo que la programáramos para el sábado en la tarde, también invitó a tu hermana.

— Está perfecto mamá, quiero visitar a mis sobrinitos en su casa y el sábado nos vamos más temprano, tengo muchos deseos de ver cómo están los naranjos

— Como gustes, será como un domingo en familia, pero en sábado y además por la tarde

La casa de Lucía era amplia, Angelita acaparó la compañía de la tía Luqui, jugaron antes y después de la comida. Julián no estuvo presente, por lo regular siempre comía en donde estaba trabajando, su actividad le requería de estar siempre lejos de casa, en ocasiones llegaba muy tarde y salía temprano, todo dependía de la distancia donde estuviera la máquina averiada para su compostura. Al frente casi no había patio, pero en la parte trasera había frutales, tres naranjos, un limonero y dos guayabos. Dos columpios metálicos hacían la delicia de Angelita quien fue consentida durante casi toda la tarde. Fue una comida en donde la limonada fue la que se acabó antes que la comida, era tanto el calor que sobrina y tía degustaron varias veces antes de probar bocado, afortunadamente el juego abrió el apetito de ambas. Obviamente eso no fue problema, el limonero estaba en plena producción. Lucía estaba feliz, su niña comía bien, pero ese día devoró todo lo que le pusieron enfrente.

El sábado tocaba cenar en casa de Alicia, por ser sábado los hombres llegarían temprano, siempre se desocupaban antes de las cinco de la tarde. Luqui parecía la Angelita del día anterior, no cabía de gozo, por fin estaría de nuevo en lo que fuera la casa del abuelo. Llegaron mucho antes de la hora, como había solicitado a Doña Amada; ella no entró de inmediato a la casa, se quedó observando el frente. Los naranjos seguían igual, había probado las naranjas que le llevaban de ellos, pero verlos de nuevo le motivaba a suspirar de vez en cuando, el caminito de entrada a la casa con rosales a sus costados había desaparecido, en su lugar había una banqueta empedrada, se miraba bien y le daba una percepción de más amplitud. El color de la casa era el mismo, se notaba que querían conservar el color original como cuando Don Jesús vivía. Al entrar Santiaguito corrió a abrazarla.

— ¡Tía! ¡Tía!

— ¡Ven Santiaguito! ¡Qué niño tan hermoso!

— ¡Vamos a mi cuarto tía! ¡Vamos!

— Claro pequeño, pero déjame saludar a tu mamá. Hola, ¿cómo estás Alicia?

— Muy bien Luqui, que bueno que llegaron temprano. Este

niño desde que supo que ibas a venir no ha dejado de preguntar

— Eso me alegra, bueno voy a ir a la recámara del niño

Alicia y Doña Amada se quedaron en la sala, Luqui estaba tan ansiosa como su sobrino por estar en aquella casa y recorrerla, no sentía nostalgia, estaba alegre, por fin estaba de nuevo en la casa donde vivió quién tantos consejos le diera en vida. Aunque la distribución de la casa era la misma todo estaba modificado, los muebles habían sido cambiados en su totalidad. Los colores claros le daban más vida al ambiente interior y los gritos de Santiaguito eran como la cereza del pastel. La casa lucía muy bien y la alegría de su sobrino la contagió de inmediato. Se acostó en la cama a petición de él y no la dejó levantarse hasta que le mostró todos sus juguetes. No se dio cuenta cuando llegaron los demás invitados, pero la presencia de Angelita en la puerta de la recámara así lo indicaba, salió y ya todos estaban reunidos en la sala. Don Agustín platicaba muy entretenido con Julián y Enrique, Alicia preparaba la cena ayudada por Doña Amada y Lucía. Un beso y un abrazo a todos fue el saludo de Luqui quien era imitada por sus dos sobrinos, paso que daba, paso que daban ellos.

— ¿En qué ayudo?

— No te preocupes cuñada, con esa carga que traes detrás de ti es suficiente, no te van a dejar en paz

— Atiende a los niños hermana, parece que ya no tienen mamá, quieren estar contigo nada más

— Es cierto hija, parece que siempre has estado con ellos

— Bueno, pero si algo se ofrece no dejen de pedírmelo

— Hermana vente a la sala, deja que ellas preparen la cena, nosotros te ayudamos con los niños

— Claro Quique, vamos Santiaguito, Angelita vamos a la sala

— ¿Qué milagro que no estás en la cocina Julián?

— No me dejaron, dicen que quieren pagar la comida de las pechugas en crema de espárragos que les preparamos la vez pasada

— Pues me parece que va a estar muy difícil

— Te estoy oyendo Agustín

— Es broma Amada, es broma

La familia empezó a reír ante las palabras de Don Agustín y la respuesta de su esposa. La tarde se hizo noche y la convivencia familiar parecía una gran fiesta. Por primera vez estaban todos reunidos fuera de la casa de Luqui, era algo digno de festejar.

La energía de los niños los mantuvo despiertos hasta cerca de las diez de la noche; hora en que Lucía y Julián se despidieron. Un rato más Don Agustín y familia también pasaron a retirarse. Cuando llegaron a la casa Doña Amada estaba muy cansada, pocas veces se desvelaba y no aguantaba el sueño, se despidió ante la complacencia de sus seres queridos.

— Bueno, creo que ya no aguanto más, estoy muy cansada, así que si me disculpan yo paso directo a la recámara

— Está bien mamá, nosotros también traemos sueño

— Descansa mi amor, enseguida te alcanzo

— Muy bien, buenas noches Luqui

— ¡Buenas noches mamá!

Doña Amada era una mujer muy dedicada tanto a su familia, a su casa y a su trabajo. Era normal que los sábados resintiera un poco el ajetreo de la semana. La miraron alejarse. Ellos también estaban cansados, pero Luqui no quería irse a la cama sin organizar un pequeño viaje.

— ¿Traes sueño papá?

— Un poco hija, pero como siempre me pasa en estas reuniones, nunca dejo de pedir un poco más; esperaré un rato para sentirme mejor, creo que cené bastante

— ¡Vaya que sí! Todos se te quedaban viendo

— Envidia hija, envidia, Quique y Julián también querían pero ya sabían lo que les esperaba con tu hermana y Alicia

— Tienes razón, pero ellos están muy a gusto dormidos y tú no puedes hacerlo

— Es que esas tostadas con papita cocida y carne deshebrada estaban deliciosas... y esa agua de horchata y el juguito de tomate, y el queso...

— Sí, y el aguacate y la lechuga y ahora que no puedes acostarte

— Lo reconozco, pero ya en serio hija, estoy muy feliz por ti

— Yo también papá, ¿sabes que quiero pedirte algo?

— No, pero todo es cuestión que me lo pidas

— Quiero que me lleven a la laguna

— ¿A la laguna? Me sorprendes, pero claro que vamos a la laguna, ¿la quieres conocer?

— Es un gran deseo, te voy a agradecer mucho el que puedas complacerme

— Claro hija, tú dime cuando y nos vamos todos

— No papá, quiero que me lleven tú y mi madre

— Me asustas Luqui, ¿cuál es el motivo de tanto misterio?

— ¿Te gustaría conocer el lugar secreto del abuelo?

— ¿El lugar secreto?

— Si papá, donde están grabadas las iniciales de mis abuelos

— ¿Estás segura Luqui?

— Bueno, exactamente no tengo esa ubicación, pero con tu ayuda será muy fácil localizarlo

— Entonces, ¿para cuándo te gustaría ir?

— Lo he estado pensando y pronto será la reunión del grupo de la secundaria en el arroyo, creo que a la semana de que nos juntemos estaría bien hacer ese viaje

— Encantado hija, voy a preparar todo para esa fecha

— ¿Está lejos esa laguna?

— No hija, ¿te acuerdas el lugar donde acampábamos los domingos?

— Pues sí, lo recuerdo muy bien, es algo que nunca olvidaré

— Está como a tres kilómetros de ahí

— ¿Cuánto tiempo se hace?

— Pues saliendo de la casa en hora y media llegamos, eso sí, hay que llevar bastante comida y agua. Caminar produce hambre hija, vaya si lo sabré yo

— Como gustes papá. Llevaremos mucha comida y agua

— Eso es música para mis oídos hija, no se hable más. Temprano le comunico a tu mamá

— Papá ya me dio sueño

— A mí también, y a dormir antes de que me de hambre

— ¡Buenas noches papá! Te quiero

— ¡Buenas noches hija! Descansa, también yo te quiero

El reloj casi marcaba las doce, una hora avanzada para los dos. Luqui se retiró a su recámara y antes de dormir le dijo a su alhajero:

— Pronto visitaremos tu lugar secreto abuelo, buenas noches

La mañana llegó pronto. La familia estaba relajada y a eso de las once llegaron Patricia y Raúl Alberto. Sintió alegría de verlos, pero un pequeño dolor en su interior la lastimó un poco: Omar Alejandro no venía con ellos. Saludaron a sus padres y luego se fueron a sentar bajo su gran confidente: el frondoso algodón.

— Qué bueno que vinieron, ya los estaba extrañando

— Lo que sucedió es que Raúl Alberto le ayudó a mi papá a rajar unos leños que estaban demasiado gruesos

— Eres un buen muchacho Raúl Alberto

— Es bueno ayudar y además hago un poco de ejercicio, pero dime Luqui, ¿es verdad todo lo que me conto Paty? No dudo de lo que me dijo, pero con la última experiencia que tuvimos no lo puedo creer todavía

— Es verdad, no he dejado de salir de mi casa todos los días, me siento igual a todos ustedes

— Me alegra escucharte y te felicito, Don Chavita sabía lo que estaba haciendo

— ¿También sabes lo de Chavita?

— Claro, Paty tiene buena memoria y no se le pasó ningún detalle de todo lo que le confiaste. Felicidades otra vez amiga, siento un enorme gusto de saber que ya podrás realizar todos tus sueños

— Oigan y ya que todo lo saben, a ver díganme que hay que hacer para ir a la reunión del grupo, ¿podré ir yo?

— ¡Claro amiga! Los que tengan pareja la pueden llevar, no es exclusiva, más bien es inclusiva, yo llevaré a Raúl Alberto. He platicado con algunas compañeras y todas están de acuerdo en que tú serás la invitada especial

— Pues entonces hay que esperar la fecha

— Solo que hay un pequeño detalle

— ¿A qué te refieres Patita con "Pequeño detalle"?

— Omar Alejandro salió el viernes hacia la universidad donde está la carrera de veterinaria que él desea estudiar, llevará un curso propedéutico de dos semanas y luego presentará el examen de admisión. Dejó dicho que hará lo posible por estar el día de la reunión, pero no lo asegura, todo depende de cómo le vaya en los exámenes

— ¿Se fue?

Un sentimiento de tristeza acompañó la pregunta de Luqui, significaba que tendría que esperar todo ese tiempo para volver a verlo. Su alegría se vio eclipsada ante la triste noticia, en sus ilusiones estaba poder verlo al menos una vez antes de la reunión. Pero con lo sucedido ya no sería posible. Sus amigos comprendieron el sentir de su compañera y trataron de animarla, ya esperaban esa reacción.

— Me enteré de su futuro viaje porque el jueves por la mañana, lo vi en la estación de autobuses y me dijo que tenía muchas cosas por hacer antes de partir. Le pregunté si vendría a despedirse de ti y me contestó que le daba pena, pero que regresando te visitaría cada vez que pudiera si no te molestabas por ello

— ¿De verdad te dijo eso? (Sus ojos se iluminaron de nuevo)

— ¡De verdad! Parecía muy entusiasmado y por si saben guardar secretos le diré uno: me confesó que prefiere pasar el día contigo que con el grupo

— Amiga, ¡Felicidades! Creo que pronto seremos dos parejas de novios platicando bajo este algodón

— Me sonrojas Patita, mejor dejemos que pase el tiempo, no lo apresuremos

Luqui supo recobrar su natural estilo de tomar las cosas con calma, disimuló muy bien la gran alegría que le causó escuchar lo que Raúl Alberto les había confesado. El rumbo de la plática regresó a ese encuentro tan esperado. Algunos de sus compañeros se verían por primera vez desde que se graduaron de la secundaria, todos estaban emocionados. ¡Qué gran idea de Mercedes y Javier!

El tiempo de estar unidos de nuevo como grupo llegó más pronto de lo esperado. Entre las visitas a sus sobrinos, las pláticas con su gran amigo silencioso y las saboreadas de raspados que a veces se daba con su madre por las tardes en la pequeña plaza le hicieron más llevadera la espera; en dos ocasiones hasta acompañó a Don Agustín a la parcela, le fascinó estar en contacto con el fruto de todo el trabajo de su padre.

El gran día llegó, para esa fecha ya había asimilado que si Omar Alejandro no llegaba era porque estaba realmente muy ocupado, prepararse para el ingreso a la universidad era una noble causa, eran los sueños de él como un ser humano realizado, se sentía dichosa de que él luchara por sus anhelos. Efectivamente, ¡No llegó! Y partió gustosa hacia el arroyo en compañía de Paty y Raúl Alberto, sus padres los observaron complacidos. Una vez en el arroyo todos se saludaron, era una gran fiesta, estaban presentes los de siempre: Luis, Fernando, Mercedes, Priscila, Javier, Alonso, Jocelyn, Aracely, Patita y otros más. Compartieron comida, recordaron viejos tiempos sin faltar todas las travesuras hechas a la maestra María Lupita.

Aracely se encargó de que todos los que iban llegando fueran arrojados al arroyo con todo y ropa. Luqui y sus compañeros no fueron la excepción. Mientras se divertían todos miraban con picardía al nuevo que iba llegando, ya esperaban la voz de Aracely para entre todos meterlo al agua. A media mañana se encontraban alrededor de unos veinte jóvenes del grupo más las parejas que acompañaban a algunos, lo que sumaba un total de casi cuarenta personas. La idea de reunirse iniciada por Mercedes y Javier fue un éxito, hasta propusieron verse de nuevo al año siguiente. Hubo un momento en que todos estaban juntos compartiendo la misma conversación y alguien pidió a Luqui que relatara su historia.

— Luqui sabemos por la situación tan difícil que pasaste todos estos años, en lo personal quiero pedirte una disculpa delante de todos ustedes porque a pesar de vivir en el mismo pueblo jamás te visité, yo podía disfrutar de salir a donde quisiera ir para divertirme, tuve la oportunidad de seguir estudiando, pero nunca me di el tiempo para compartir una sola mañana contigo, ahora que veo a todos ustedes reunidos me doy cuenta de que fui egoísta por no compartir algunos momentos de mi vida para acompañarte, pero quiero decirte que me siento muy feliz de que te encuentres con nosotros y que espero que esta reunión sea el reinicio de una amistad más sólida. Gracias Luqui por estar con nosotros

— Nada tienes que agradecer, hiciste lo correcto, no tenías que hacer eso. En esta vida cada uno de nosotros elige su destino, es un derecho que todos tenemos. Además yo era feliz de saber que todos ustedes se estaban realizando como personas, Patita me tenía al tanto de todos, me alegraba con cada éxito que tenían, casi todos terminaron la preparatoria y eso habla bien de ustedes, algunos están en la carrera que eligieron por vocación y otros están trabajando. No importa qué es lo que estés haciendo para salir adelante, la felicidad verdadera se construye con la satisfacción de hacer lo que tenemos que hacer en el día a día. Cada finalizar de un día vivido nos debe dejar la sensación de haber hecho lo correcto, no importa si estás cansado, no importa si tuviste que despertarte más temprano, la sonrisa de satisfacción al final de cada jornada es la mejor muestra de haber hecho lo correcto, ese el verdadero camino a la felicidad. Si ustedes antes de dormir el día de hoy esbozan una sonrisa por haber estado en esta convivencia significará que están en el camino correcto, el recordar esta reunión con una sonrisa será como el ingrediente extra que necesitas para seguir adelante, será la energía complementaria para seguir avanzando cuando aparezcan obstáculos que tengas que sortear. Así que disfrutemos este encuentro y gracias a ustedes por considerarme su invitada especial.

Todos los presentes estaban conmovidos, hasta Aracely, la inquieta de siempre estaba sin habla. Las palabras de Luqui les llegaron a lo más profundo de su ser y quedarían grabadas para siempre como un escudo protector para cuando aparecieran esos impedimentos que muchas veces no permiten el logro de la felicidad de muchas personas, una paz interior los invadía y en ese momento Mercedes tomo la palabra para hacer una petición a la gran invitada especial de ese día.

— Amiga, sabemos de tu problema, incluso yo te visité algunas veces y me uno a las palabras de mi compañero para disculparme por haberte dejado tan abandonada tanto tiempo, mis palabras salen sobrando pero me nace decirlas en este momento. Además, quiero hacerte una petición, si la aceptas nos sentiremos muy honrados y de no hacerlo de verdad que lo entendemos, pero nos gustaría escuchar cómo fue que pudiste salir adelante

— Amigos, si quieren escuchar mi historia con gusto se las contaré, pero con una condición, ustedes son mis amigos y yo no los culpo de nada, su amistad la considero como una planta del Japón, su tiempo de germinación es muy prolongado y cuando lo hace, después de años; en mes y medio crece mucho más alto que una gran cantidad de árboles, es un privilegio verlo crecer, se podría decir que literalmente ves su desarrollo. Su amistad amigos es como esa planta, hoy se ha cumplido el tiempo de su germinación y renace sólida para fortalecerse a cada momento. Así que no más disculpas, a los amigos se les tiene confianza y con gusto les comparto todo lo que viví en estos años

Luqui comenzó su relato, todos escuchaban en silencio, pareciera que cada suceso ocurrido lo estaban viendo como si estuvieran a través de un cristal, de todo se daban cuenta, pero en nada podían intervenir. Al finalizar lágrimas rodaban por las mejillas de unos y llanto abierto en otros. Todos desfilaron para abrazar a

Luqui, al hacerlo se sentían liberados por no haber estado con ella todo ese tiempo y fortalecidos por la amistad que se consolidaba esa mañana. La última en abrazarla fue Paty, esperó pacientemente su turno, no tenía prisa, más bien se diría que estaba experimentando una sensación de mucha satisfacción por estar siempre al lado de su gran amiga. Raúl Alberto ya la había abrazado y hacía amistades con algunos jóvenes en el arroyo.

— ¡Te quiero amiga! De verdad que estoy muy emocionada

— Y yo a ti, además gracias a ti estoy aquí

— Bueno, voy a dejar de llorar, ya todos dejaron de hacerlo

— Creo que es lo mejor, mi intención no era que todos soltaran el llanto, lo único que deseaba era hacerles saber que siempre los he considerado mis amigos ¡Si supieran cuántas veces he recordado lo que vivimos en la secundaria!

— Oye amiga, tengo una duda

— Dime Patita

— ¿Es cierto lo de esa planta?

— Tan cierto como que yo siempre te digo Patita

— ¿Cómo se llama?

— Es el bambú japonés amiga, he tenido mucho tiempo para leer en mi casa, creo que hoy germinó después de tanto tiempo, ¿quieres ir a caminar conmigo?

— No amiga, quisiera descansar un poco, la caminata desde el pueblo fue mucho para mi

— Está bien Patita, pero antes dime, ¿cuál es el ingrediente secreto de las conchas?

— Es muy sencillo, a la preparación del glaseado de chocolate de la parte superior solo le agregamos canela molida y esencia vainilla

— Con razón no podía descubrirlo, ¡Están deliciosas! Regreso en un rato más.

Patita se fue a platicar con sus amigas mientras sus pies eran refrescados por la corriente del agua en el arroyo. Raúl Alejandro seguía entretenido con sus nuevos amigos. A pesar de los años las veredas seguían siendo las mismas, para Luqui fue un reencuentro con muchos recuerdos; el abuelo estaba presente en todos ellos, ¿qué lugar no recorrieron juntos? ¿En qué espacio no escuchó una historia de él? ¿Cuántas madrigueras encontraron? La caminata de minutos se convirtió en casi hora y media; buscó y encontró calandrias, miró conejos, observó nidos en arbustos pequeños que estaban bien escondidos, parecía la niña que seguía mariposas en el kínder. Al regresar le ofrecieron comida que aceptó al instante, la caminata le sacó más apetito del que normalmente tenía; terminó, se metió al arroyo y mientras platicaba con sus compañeros sus manos buscaban en el fondo del arroyo, ¿qué buscaba? Se preguntaban todos, pero ella palpaba cada piedra, cuando encontraba una lo suficientemente redonda esbozaba una sonrisa para ella y en su pensamiento se formaba la frase: "Con está te voy a ganar abuelo"

Al término de la jornada todos estaban cansados, regresaron juntos, era una caminata de dos kilómetros por un camino angosto, a pesar de todo no sintieron mucho el regreso, la algarabía no cesaba, entre risas llegaron a la entrada del pueblo, era el momento de la despedida.

Fue una jornada intensa, el cansancio se reflejó al momento de dormir, después del baño obligado un profundo sueño invadió a Luqui, cenó muy ligero y después de una breve plática con sus padres se retiró a descansar. Raúl Alberto se quedaría en casa de Paty, era tarde para que regresara a la ciudad. Luqui sonrió antes de apagar la lámpara, miró hacia el alhajero y dijo:

— ¡Gracias abuelo! En un día recordé todas nuestras aventuras

Luego la recámara quedó a oscuras. Un sueño reparador la envolvió y temprano quedó dormida.

La semana siguiente se fue lenta, Omar Alejandro no regresaba y sus amigos no tenían razón de él. Se sentía inquieta por no verlo, quería saber de él, ignoraba cuando regresaría pero ella seguiría esperando, ¿hasta cuándo? No lo sabía, pero ella sabría esperar. A pesar de todo, las actividades que realizaba a diario le hacían más llevadero el paso de todos esos días.

Su padre estaba listo, su madre también esperaba la llegada de la hora de partida. En punto de las seis de la mañana se levantaron y prepararon los alimentos que llevarían, sería una jornada de todo el día. Hora y media de camino de ida, esperar a que baje el sol por la tarde y regresar antes del oscurecer. Luqui en cuanto sintió a sus padres en la cocina se apresuró a cambiarse con ropa adecuada para esa jornada y entró a la cocina para ayudar con los preparativos.

— Listo, creo que con esta comida será suficiente

— ¿No es mucho papá?

— No hija, en el campo da mucha hambre, sobre todo por la jornada que vamos a realizar, no es mucha la distancia pero caminaremos por veredas llenas de piedras con un calor que se sentirá más fuerte debido a la humedad que hay en la laguna, no importa que estemos bajo la sombra, sentiremos mucho calor

— ¿Es peligroso papá?

— ¡No hija! El lugar está muy transitado por el otro lado del arroyo, no hay peligro de animales. Tu abuelo tenía su parcela cerca de la laguna, por ese rumbo al que vamos a ir hoy

— Bueno compañeros de expedición, es hora de partir o tendremos que desayunar bajo el algodón para decir que comimos fuera

— Lo que ordenes mamá, adelante papá, tú eres el guía

Inició la acción que el abuelo no pudo cumplir años antes, Luqui iba feliz, en ese momento se olvidó de todo. Por fin conocería el lugar secreto del abuelo. En el camino platicaron poco y un kilómetro antes de llegar a la laguna el camino los apartó del arroyo, lo tupido de la arboleda y los arbustos bajos impedían el avance. La hora y media de recorrido se transformó en dos horas o tal vez un poco más, era un camino viejo, casi nadie lo usaba debido a que por el otro lado del arroyo estaba el nuevo camino, más amplio, más recto y sin tantas cuestas. Se notaba que había tenido sus buenos tiempos, pero éstos ya habían pasado. De pronto Luqui se quedó impresionada, ¡Qué bella era la laguna! Era un gran espejo de agua, el reflejo del sol en el agua encandilaba mucho a esa hora. No dijo nada, solo dejó que su vista se recreara ante tanta belleza. Llegaron a donde desembocaba el arroyo y Don Agustín limpió un área con su machete para descansar. Escogió un gran árbol de guamúchil que competía en territorio con un gran mezquite, la sombra era muy buena, pero el calor de todos modos se sentía.

— Este es un buen lugar para descansar

— Estoy de acuerdo contigo Agustín

— ¿Ya conocían este lugar?

— Si hija, tu padre y yo veníamos a este lugar desde que éramos pequeños, los paseos se hacían a la laguna, pero la distancia por recorrer fue el motivo para que la gente la cambiara por el arroyo

— Pues valía la pena, es un hermoso lugar

— ¿Qué tal si comemos? Ya es hora

— Tienes razón papá, traigo mucha hambre

— Entonces voy a tender este mantel en el suelo para poner la comida

— ¡Te ayudo mamá!

— ¡Está bien! Entre las dos será más rápido

— Yo voy a traer agua de la laguna para lavarnos las manos

El desayuno les pareció un gran platillo, comer con hambre en la casa era diferente a comer con hambre en el campo, Luqui comprendió entonces las palabras de su padre. Ya no le pareció tan mala idea llevar un poco más de comida de lo normal. Después descansaron un rato, era obligado después de caminar tanto. Se tendieron un rato sobre el suelo mirando hacia arriba, no hubo palabras, el cuerpo les exigía recuperar fuerzas. Una hora después se incorporó Luqui e imaginó a la pareja de patos sobre la laguna, volteaba de vez en cuando hacia la orilla y se imaginaba donde podría haber estado el nido donde nacieron los primeros patos de padres extranjeros, al recorrer con su vista recreaba en su memoria a todas las familias que iban a pasear por ese lugar, seguramente regresarían cansados, pero los niños recordarían para siempre las imágenes que ahora estaban frente a ella, no tenía la menor duda, desde que su madre supo que harían ese recorrido se le notaba diferente, esperó el momento del viaje con entusiasmo y su padre hizo lo mismo. El regresar al lugar donde vivieron grandes momentos de su infancia los ponía felices. Sus meditaciones fueron interrumpidas.

— Si ya descansaron debemos buscar ese lugar secreto, hasta que voy a descubrir esas iniciales grabadas en la roca

— Tú dices hija, ¿estas lista?

— Más que nunca, pero antes, ¿qué vamos a hacer con las cosas?

— Voy a colgar todo en alto del mezquite, no hay animales, pero más vale prevenir, que tal si un grupo de hambrientas hormigas nos deja sin comida

— Nunca vas a cambiar Agustín

— La experiencia mujer, esto ya me pasó en la parcela y no

quiero que se repita

— Está bien, el rey del campo eres tú, si lo dispones así está perfecto, ¿sabes que te admiro porque todo lo que dices es verdad?

— Amada no me digas eso, me da pena delante de nuestra hija

— Pero tú sabes que es la verdad, te admiro y te quiero mucho

— ¡Yo también te admiro padre!

— Bueno, ya está bien, ustedes se juntan y no puedo con las dos, siempre me ganan, ¿hacia dónde pequeña?

— Cien metros antes de que desemboque el arroyo papá

— Me la pones difícil, hace años que la gente no viene y la vegetación es espesa en este lugar, pero todo sea por esas iniciales

Al principio había muchos arbustos pequeños que dificultaban el avance, pero unos veinte metros más adelante se encontraron con una vereda que alguien había hecho años atrás. La siguieron y después de avanzar la distancia que mencionaba el abuelo apareció ante ellos un remanso del arroyo, era una curva cerrada, el agua parecía alentar su marcha. El lugar estaba plagado de grandes mezquites pero en esa parte un banco de arena a la orilla parecía filtrar el agua, en medio había una gran roca y entonces apareció ante su vista un par de iniciales.

Los tres guardaban silencio, era un homenaje a dos personas que se quisieron mucho en vida y que perpetuaron su amor en ese lugar tan escondido a la vista de todos. Entraron en el arroyo de poca profundidad y avanzaron, al llegar frente a esa gran piedra comprendieron que todo su esfuerzo había valido la pena; ahí estaban, perfectamente conservadas una *E* y una *J*, sin un corazón que las encerrara, no requerían de más especificaciones, simbolizaban una relación de muchos años de convivencia juntos.

— Esperanza, Jesús, este es el gran secreto del abuelo, la perpetuidad del recuerdo de su amor mediante estas dos iniciales; tal vez para alguien que descubra esta parte del arroyo no signifique nada, pero para nosotros y las generaciones que nos precederán significará compartir una historia llena de cariño, comprensión y tolerancia durante tantos años de matrimonio; cuando tenga mis hijos se las contaré a manera de cuento, se emocionarán tanto que me pedirán que se las cuente una y otra vez; esa será mi manera de conservar la memoria del amor entre los abuelos; ¿cuántas horas de dicha pasarían en este lugar? Mis hijos crecerán y cuando sean jóvenes los traeré a este lugar, ya los imagino emocionarse por conocer los verdaderos lugares donde nació el cuento que tantas veces me pidieron les narrara. Ellos se convertirán en adultos y si logro que ellos también traigan a sus hijos a este lugar entonces habré cultivado en sus pensamientos el secreto de una relación permanente, aún más allá de esta vida: el amor incondicional. Si ellos se dan cuenta de lo importante que es cultivar la confianza, de que la sencillez en muchas ocasiones es la manera más fácil de decir las cosas y de que la felicidad se construye con el día a día y que no se encuentra al final del camino; entonces me sentiré satisfecha. Pero si por alguna razón, ellos decidieran cortar este recuerdo familiar y no perpetuarlo a través de inculcarlo a sus hijos, también me sentiré satisfecha; porque lo importante es hacer lo que te guste, lo que te produzca felicidad, es mejor un intento sin los resultados esperados a vivir con la eterna duda del "hubiera". Existen muchas maneras de ser felices, pero la fórmula siempre es la misma: tener una ilusión y luchar por ella; sentirse satisfecho al final de cada jornada por lo que hicimos a favor de conseguir esa meta, cada noche debemos esbozar una sonrisa por el avance logrado; una reflexión por el resultado no deseado de lo que intentamos, el fallar no es fracasar, es experimentar algo que no debemos repetir, solo los pesimistas se atreven a aferrarse a soñar con realizar grandes empresas sin experimentar cosas diferentes. Al hacer realidad una ilusión siempre deberán existir en cada ser humano nuevas metas, nuevos sueños; eso es sentirse vivo, eso es la verdadera felicidad: el abuelo no sabía que su compañera de tantos años se iría de forma tan repentina, ¡No lo sabía! Pero, ¿acaso alguien sabe la hora de su partida? La abuela se fue y cuando vine a este mundo ocupé el espacio que ella dejó, pues durante doce años el abuelo desbordó su amor, su cariño y todas sus ilusiones en mí, ¿qué hubiera pasado si el abuelo se hubiera recluido en la cárcel de los recuerdos? Seguramente no lo hubiéramos disfrutado tantos años y su carácter tampoco habría sido el mismo, que bueno que la palabra hubiera no existe en las personas que siempre están felices de encontrar lo positivo de cada día, porque ese hubiera habría sido un triste recuerdo del abuelo. Chavita sabe que su final está cerca, pero no sabe el momento exacto de su partida, pero mientras él tenga fuerzas seguirá haciendo lo que tanto le gusta: enseñar a las personas a caminar por un sendero obligado para recuperar su libertad. Es un gran compañero y le gusta viajar a tu lado para ayudarte en todo lo que sea necesario. Si llegas al final del sendero entonces habrás recuperado tu libertad y a partir de ese momento eres libre de luchar por tus sueños. Entonces él se va, desaparece y busca a un nuevo marinero para decirle: "… **La brújula está en tu bolsa, sácala que yo te ayudaré a encontrar el rumbo perdido**".

Me siento dichosa de estar en este lugar.

— Cuánta razón tienen tus palabras hija, jamás habría podido expresar tan bien lo que significan estas iniciales para todos nosotros

— También yo estoy conmovida por lo que acabas de decir hija, la felicidad no se encuentra fuera de nosotros, es algo con lo que nacemos, es un don que en muchas ocasiones nos es arrebatado por actitudes negativas de otras personas

— Así es madre, la felicidad depende de cada uno de nosotros, el abuelo me enseñó eso en cada actividad que realizábamos juntos. Él siempre buscaba lo mejor de cada situación que me compartía. Desgraciadamente permití que otras personas escondieran mi felicidad tras una cortina de miedo y él ya no estaba para guiarme

— Tampoco nosotros fuimos capaces de ayudarte

— Si lo hicieron madre, ¿qué hubiera hecho sin el amor de ustedes? ¿Qué habría pasado si no me hubieran tenido tanta paciencia? Sin ustedes habría sido un verdadero martirio el encierro al que estuve confinada

— Bueno, espero que ahora estén de acuerdo conmigo, ¿qué les parece si voy por las cosas y comemos aquí? Me gusta el lugar para descansar mientras cae la tarde, además es una falta de respeto no estar en este lugar tan maravilloso, con razón mi padre lo mantuvo siempre en secreto, si otras personas hubieran venido tal vez habrían modificado esta hermosa vista haciendo espacios para acampar

— De acuerdo Agustín, apoyo tu propuesta

— También yo papá, es una gran idea

— ¡Hasta que corté una madura! Ya era hora de que aceptaran sin discutir y como ya casi es hora de la comida, más vale que me apure

— Papá, te apoyo en todo lo que acabas de decir y para que te sirva de consuelo, también tengo hambre

— Quién lo diría, "De tal palo, tal astilla"(Doña Amada se puso las manos en la cintura)

— Así es viejita, por eso soy su padre, igualita a mí, eres de buen comer hija y eso me complace, bueno entonces vuelvo enseguida

— Te esperaremos con ansias papá

— Luqui la caminata me cansó, voy a recostarme en ese claro, debajo del mezquite al otro lado del arroyo

— Descansa mamá, yo seguiré observando

Para los ojos observadores de quien gusta apreciar la naturaleza no pasó por alto un pequeño detalle que no encajaba en ese lugar. Luqui lo escudriñaba todo, cada espacio fue revisado. Vinieron a su mente escenas donde buscaban madrigueras el abuelo y ella, todo era importante, en el lugar menos esperado podía estar la entrada de la cueva donde habitaba una familia de conejos. Las iniciales eran perfectamente visibles, el tamaño superaba la extensión de la palma de una mano grande, no estaban pintadas, se apreciaba que habían sido hechas con alguna punta de fierro o algún cincel y martillo; se notaba la paciencia puesta en ello, no había partes astilladas en esas inscripciones, las hendiduras que formaban la *E* y la *J* parecían talladas por un escultor experto; el abuelo no era escultor, pero poseía una de las cualidades que todo escultor debe poseer: la paciencia. Tocó ambas iniciales, palpó lo rugoso de la roca, volteó para ver a su madre y notó que estaba profundamente dormida. Caminó alrededor de esa gran piedra y una pregunta le vino de inmediato, ¿cómo es que la piedra estaba en ese lugar? Era la única, no había rocas medianas ni grandes, solo esa gran roca en medio del arroyo, no quiso buscar respuestas a esta interrogante. Ahora su mirada estaba centrada en el pequeño banco de arena que estaba el lado opuesto de donde se encontraba su madre. Un pequeño promontorio llamó su atención, si era un banco de arena no debería existir esa formación tan alta, el agua debería emparejar la superficie, era solo arena, ¿cuál era la razón de ello? De inmediato recordó una frase que estaba en la carta del abuelo: "**En la laguna encontrarás respuestas.**" ¿Acaso a esto se refería el abuelo? Caminó hacia el pequeño promontorio y empezó a remover la arena, no estaba compactada por lo que le fue muy fácil retirarla, un agujero de unos cuarenta centímetros de diámetro se empezó a formar, a los treinta centímetros de profundidad Luqui descubrió el verdadero secreto de su abuelo, ¿por qué razón nunca se lo dijo? Una a una fueron apareciendo todas las piedras redondas que resultaron ganadoras en aquellas competencias que tanto disfrutó a su lado, ¿qué razones tuvo el abuelo para hacer esto? ¿Qué enseñanza quiso dejar a su nieta cuando las encontrara?

Sus cavilaciones solo eran interrumpidas por el correr del agua o el canto de algún pájaro en lo alto de una rama. Fueron minutos donde se desconectó del mundo real, el ruido del agua cesó, el canto del pájaro desapareció y en su interior le pareció escuchar una voz conocida muy bien por ella, se dejó llevar e imaginó cada una de las palabras que la voz le decía: "Es la última vez que me escucharás decir esto así que te pido me pongas mucha atención, la vida es como este arroyo, siempre está corriendo, tiene partes en donde hay pendientes y el agua corre muy rápido, pero existen lugares como este en donde se percibe una tranquilidad que nunca se altera, al final del arroyo existe la laguna que ya conociste, es como la conclusión de toda una vida, mientras el agua fluya quiere decir que estás viva y que vas por buen camino. Una gran cantidad de arroyos nunca llegan al final de su destino, mueren mucho antes. Escogí este lugar para dejarte una última enseñanza, las piedras que ves en este momento ya sabes que tienen un origen, no pertenecen a este lugar, son como un recuerdo prisionero en un lugar lejano, cuando regresen a su lugar estarán de nuevo en su medio. Seguramente te estarás diciendo que solo son piedras, tienes razón, entonces te recuerdo la enseñanza de los patos, ¿recuerdas que no pudieron regresar a su lugar de origen? Tuvieron que adaptarse a vivir un año fuera de su ambiente natural, ellos no pertenecían a este lugar, sus hijos nacieron aquí, pero su naturaleza les indicaba que ellos tendrían que regresar con los demás a las altas montañas de donde provenían. Los patos, las mariposas, los salmones, todos tienen un origen y tarde que temprano regresan a él. El ser humano no escapa a esta ley natural, solo que en ocasiones alguien tiene que ayudarlos a que lo hagan, pues están tan lejos, tan extraviados que no pueden hacerlo solos y es aquí donde tú puedes extender la mano cuando alguien solicite tu ayuda. Existen una gran cantidad de personas que son como estas piedras, no saben que tienen que regresar, si las pones a flor de piel sobre este banco de arena notarás inmediatamente que no pertenecen a este lugar, pero si las regresas a la parte del arroyo de donde fueron traídas nadie notará que estuvieron fuera, pertenecen a esa parte. ¿Cuántas personas desubicadas requerirán de tu ayuda en esta vida? ¿Cuántas de ellas estarán esperando la próxima temporada para regresar a su origen?

La vida es así, puedes estar fuera de tu contexto social y ser feliz, como la familia de patos que esperó todo un año; pero mientras no olvides de donde saliste, mientras no borres de tu memoria el valor de la familia podrás ser feliz donde quiera que te encuentres. Ya no pertenezco a este mundo, estoy feliz al lado de tu abuela; pero estoy seguro de que todavía conservo mi origen a través de tus recuerdos. Vive tu vida y nunca olvides todas mis enseñanzas" un grito en la distancia la volvió a la realidad.

— Luqui ya estoy de regreso, Amada ya llegó la comida

— Te estabas tardando papá

— Creo que ya es hora de comer, me tardé porque fui a dar un paseo por la laguna, me entró la nostalgia e hice un pequeño recorrido

— Mira a mamá, apenas se está despertando, desde que te fuiste se quedó dormida

— Pues qué bueno que ya se está levantando, ¿qué tal si no queda nada?

— Los estoy escuchando

— No te creas madre. Te vamos a servir mientras terminas de despertarte

— ¡Gracias hija! Enseguida voy

— ¡Qué hermoso lugar!

— Es muy hermoso papá, creo que tendremos que regresar algún día

— Pues ya que esté saliendo la temporada de calor para traer a Santiaguito y Angelita

— Entonces ya quiero que pase esta temporada tan sofocante

— Gracias a ti conocí este lugar, me siento identificado con él, aquí mis padres fueron felices perpetuando sus iniciales en la roca. Pero bueno, creo que es mucha plática, hay que comer Amada, ¿ya estás lista?

— Ya voy Agustín, nada más lave mis manos y estoy con ustedes

Fue una comida llena de comentarios sobre posibles fechas para
regresar a ese lugar. El paisaje era muy hermoso, el agua corriendo
era muy transparente, pareciera que el banco de arena servía como
un eficiente filtro. La sombra era muy abundante y el calor no era
tan sofocante, era un lugar agradable. Después de comer los tres
durmieron un buen rato. Don Agustín tuvo que despertarlas para
iniciar el regreso sin que los sorprendiera la noche. Recogieron
todo y Luqui llenó tres bolsas pequeñas con las piedras redondas.

— ¿Papá me ayudas con esta bolsa?

— Encantado de ayudarte, dámela para ponerla dentro de esta
bolsa que es más grande

— Mamá, ¿podrías llevar esto? Son piedritas

— Está bien hija, te ayudo con tus piedritas

— Bueno, en marcha entonces, estamos a muy buen tiempo de
llegar con luz al pueblo

— ¿Podríamos detenernos un momento en el paseo del arroyo
al rato que pasemos por ahí?

Los padres se miraron extrañados, no comentaron nada al
respecto, solo asintieron con la cabeza y avanzaron en silencio. Al
llegar al paseo les pidió las bolsitas de piedras y se acercó al lugar
donde tantas veces jugó con el abuelo. Ante la mirada silenciosa de
sus padres las sacó de las bolsitas y las arrojó al agua. La actitud
de sus padres exigía una respuesta o mejor dicho esperaban una
respuesta.

— Esas piedras que acabo de regresar al agua estaban enterra-
das en el banco de arena del lugar secreto del que venimos;

de alguna manera el abuelo guardó todas esas piedras para llevarlas hasta allá, son los trofeos de tantas competencias que tuvimos en esta parte del arroyo, cada piedra significaba que hubo un ganador, no sabría decirles a quien correspondía cada uno de los triunfos, a decir verdad eso nunca nos inquietó. Lo importante era buscar y buscar hasta que uno de los dos tuviera en su poder la más redonda, cuando eso sucedía los dos festejábamos el triunfo. Una voz interior me pidió que las regresara a su lugar de origen y eso es lo que acabo de hacer.

— No entiendo nada, pero fue una buena acción

— ¿Qué buena acción Agustín?

— La de hacer caso a esa voz que proviene de un lugar muy dentro de ti, en ocasiones yo escucho esa voz y riego la parcela antes de la fecha en que me toca, es como un presentimiento que te habla

— Mejor sigamos, apenas Luqui y tú se entienden

— Ya lo dijiste mujer, "De tal palo tal astilla"

Don Agustín soltó una carcajada que contagió a sus acompañantes. Llegaron a la hora prevista y temprano se dispusieron a descansar. La jornada fue muy dura y el cuerpo exigía un buen reposo. Luqui no imaginaba que muy pronto se encontraría con su querido Omar Alejandro de la manera más inesperada. Ahora que era libre cerraba muchos asuntos pendientes, quería concluirlos todos para después de un año ingresar al mundo de los profesionistas. Era una emprendedora natural.

CAPÍTULO FINAL

LA BANCA

(Un encuentro inesperado)

Esa mañana Luqui acompañó a su madre hasta la panadería. Se estaba haciendo costumbre el platicar con ella durante el recorrido, además aprovechaba para saludar a Patita; después regresaba a su casa o bien visitaba a Santiaguito o a María de los Ángeles, sus sobrinos demandaban que todos los días los visitara y ella se programaba para pasar buen tiempo con ellos. Ya en casa cumplió con sus deberes, regó el jardín que ya empezaba a dejar ver las flores jaspeadas de los mastuerzos, el algodón también tocó su parte de aquel riego tan vivificante en esos días llenos de calor. Recordó el raspado de tamarindo y se imaginó la sensación tan refrescante que se sentía. Tenía tiempo sobrado así que decidió marchar a la plaza para disfrutar uno de ellos. Llegó a la refresquería y pidió su preparado de tamarindo, el raspado hacía sudar el vaso en que lo servían, gruesas gotas heladas se formaban en su cubierta exterior. Una vez servido caminó hacia aquella banca de la esquina, de cierta manera le inspiraba a pensar en el joven que ya tenía un mes sin ver. Le agradaba pasar tiempo fuera, antes estaba restringida al interior de su casa, no podía aspirar a más, las cosas habían cambiado y tenía tiempo para darse esos pequeños gustos. No tenía prisa en acabar con su refrescante preparado de hielo molido, saboreaba ir mezclando poco a poco el hielo con la miel de tamarindo a medida que lo iba consumiendo. La reunión en la plaza era por las tardes en días de trabajo. Tan ensimismada estaba en sus pensamientos que no se percató de que alguien estaba a sus espaldas, no lo sintió hasta que escuchó una voz conocida.

— ¿Está bueno el raspado?

Volteó sorprendida, su asombro se convirtió en un gusto imposible de disimular, se levantó y sin poder contenerse abrazó a quien instantes antes le había sacado de sus pensamientos.

— ¡Omar Alejandro!

— Hola Luqui, ¿cómo has estado? ¿Qué haces en este lugar? ¿Cómo lograste cruzar la cerca de tu casa?

— Calma, todas tus preguntas serán respondidas

— Pues ignoro lo que pasó, pero me da mucho gusto, a ver cuéntame

— La vez que ustedes intentaron ayudarme con la escapada por debajo de la cerca de malla ciclónica sucedió algo muy curioso...

De nueva cuenta Luqui empezó a contar el proceso que tuvo que pasar para lograr liberarse y del gran apoyo de Chavita. Omar Alejandro estaba embelesado escuchando cada detalle de lo sucedido.

— ...Y así fue como de esa manera tan inesperada logré desterrar a los horribles fantasmas que no estaban en la puerta de salida a la calle, sino que yo les había permitido anidar en mi mente ¡Jamás lo hubiera logrado sola!

— Pues vaya que me he perdido de cosas interesantes en mi ausencia, ¿qué otras cosas has hecho?

— Ya tuve mi encuentro con los del grupo de la secundaria en el arroyo, visité las casa de mis hermanos, acabo de ir con mis padres a conocer la laguna y vengo a este lugar cada vez que puedo a saborear de este raspado

— Entonces no has perdido tiempo, eres muy activa. Estoy más que contento de verte de nuevo y más ahora de saber que ya podremos salir a pasear a la plaza los domingos, ir al arroyo... A donde quieras ir

— Ahora es tu turno, te perdiste mucho tiempo, ya era hora de que regresaras

— Es que estuve haciendo un curso propedéutico para presentar el examen de admisión a la carrera de médico veterinario. Pasé el examen y me ofrecieron una capacitación de una semana extra para presentar otro examen de concurso para el otorgamiento de becas. Valió la pena, por este año tengo cubierta las cuotas de los dos primeros semestres y la estancia la tendré en las viviendas de residencia para estudiantes que vamos de fuera

— ¿Cuándo iniciará el semestre?

— Dentro de dos meses, con estos apoyos podré venir al pueblo cada dos semanas

— Me alegra saber que tu viaje rindió frutos, serás un gran médico veterinario

— ¿Qué harás tú al respecto?

— Aceptaré la propuesta de Patita y Raúl Alberto, estudiaré la preparatoria en el sistema abierto, en un año ya estaré lista para solicitar mi admisión en la universidad

— Eso es una gran decisión, me dará mucho gusto verte ingresar a una escuela de este tipo, ¿qué carrera estudiarás?

— Lo estoy pensando, quiero estudiar algo en donde pueda ayudar a la gente, aún no defino, primero termino la preparatoria, pero ahora asistiré a las asesorías de los sábados, mis amigos ya no tendrán la necesidad de capacitarse para apoyarme con mi preparación en casa, pero eso no será motivo de que ya no vayan a visitarme

— Me emociona escucharte, eres una gran persona, desde la secundaria siento lo mismo

En aquel instante se produjo un silencio prolongado, ninguno atinaba a decir nada. Eran dos corazones de sentimientos reprimidos los que hablaban en ese momento. Sus miradas se cruzaron y en sus ojos se adivinaba lo que sentían el uno por el otro. La ausencia de palabras reafirmaba un amor de años que nunca había podido corresponderse, las circunstancias adversas del destino se conjugaron para que no se manifestara en sus años de adolescencia, ahora eran jóvenes y la llama de ese sentimiento llamada amor se hizo más fuerte al grado que tan solo mirarse bastaba. Las palabras corrían a velocidad acelerada, se decían lo mucho que se amaban, no era necesario más diálogo, ¡Te amo! Es una frase corta pero suficiente cuando el lenguaje de una mirada habla. Omar Alejandro retomó la conversación, se notaba turbado; la entereza de la forma en que logró acceder a la beca universitaria se desplomó ante la presencia de su amada.

— Te extraño desde que me cité contigo en esta banca, siempre la consideré nuestra, sufrí mucho cuando estuve aquí a la hora indicada, creo que me estuve mucho tiempo después de lo convenido, estuve solitario sentado en este mismo lugar. Muchas fueron las veces en que vine aquí después de no verte. Sentía nostalgia y lloré en silencio muchas veces. Extrañé tu presencia mucho tiempo, supe lo que te pasó y pensé en acercarme a ti de nuevo, pero al no regresar a la escuela juzgué que ya no querías verme. Fue un sufrimiento silencioso, a nadie comenté sobre mi dolor y la ilusión de reencontrarme contigo de nuevo renació hace poco; cuando contacté a Paty en el camión de regreso al pueblo. Desde ese día no hubo uno solo en que no quisiera estar a tu lado para expresar todo lo que despiertas en mí

— En esa ocasión viví la experiencia más dolorosa de mi existencia. Estaba ilusionada al igual que tú, las palabras expresadas en tu carta despertaron una serie de emociones que hoy surgen de nuevo; también yo te extraño, no me avergüenza expresarlo, pero si me duele no haber estado presente en este lugar, ese viernes que tanto esperamos.

— El destino nos está compensando todo lo que nos quitó,

jamás tuve novia, tu imagen se negó a abandonar mi mente, sentí que no tenía ilusiones para intentar una relación si no era contigo. El destino nos compensa porque después de todo este tiempo nos encontramos en este lugar, en la misma banca que tantas veces me acompañó en mis horas de soledad, me refugié en el trabajo después de la preparatoria, mi vocación me decía que no estudiara una carrera solamente porque era lo que en mi región se ofrecía, mi intuición me llevó a trabajar durante un año para iniciar mis estudios fuera de aquí. Ahora pienso que el pensar tanto en ti me llevó a ser paciente y esperar el momento adecuado para acercarme de nuevo. No esperaba verte aquí y ahora que estamos frente a frente en este lugar sin haberlo programado me llena de emoción

— Para mí el destino lo vamos formando nosotros mismos, te lo digo porque mi encierro no era físico, era mental y yo permití que me afectara, por desgracia no pude darme cuenta de ello a tiempo y permití que me atrapara, existen situaciones ajenas a ti que te sorprenden y se apoderan de tus pensamientos. Estos últimos días he visitado esta banca de manera frecuente pensando en volver a verte. Lo he deseado tanto que hoy se hizo realidad, no es casualidad Omar Alejandro, nuestros pensamientos se unieron para convertirse en realidad. El destino lo forjamos nosotros con nuestras actitudes, pensamientos, sentimientos y acciones. Me siento dichosa de estar contigo bajo esta sombra y en esta banca

— Esta banca representa un gran depósito de amor en donde muchas veces guardé todo mi sentir por ti, si esta banca hablara sabrías todo lo que siento hacia ti. Fue mi gran confidente, no necesitaba el uso de la voz, platicaba con ella en silencio, aunque a veces lo hacía en voz alta

Luqui recordó a su gran amigo, la imagen del silencioso algodón se hizo presente. Ella también desbordó su sentir en cada ocasión que estaba bajo su fronda, recordó como ella platicaba a través de sus pensamientos con su gran amigo y en otras ocasiones lo hacía de manera abierta. La similitud para descargar sus emociones la enterneció y desató un llanto silencioso, sus lágrimas rodaban; fue un impulso natural, ante la imagen de su amada y al verla tan frágil la abrazó de manera muy tierna, ella correspondió y estuvieron abrazados buen rato; ella lloraba y él guardaba silencio, era una manera de decirle: "Estoy contigo, llora amada mía, llora"

— Disculpa, pero no puedo contenerme, son tantas las cosas buenas que me han pasado últimamente que me siento muy dichosa, el sufrimiento que acabo de dejar atrás se ve compensado porque ahora puedo visitar a mis sobrinos, puedo aspirar a seguir preparándome y después de que volviste a mi lado sé que puedo cumplir con el llamado tuyo de hace años. Ahora que estoy a tu lado en esta banca, nuestra banca, me siento feliz y eso me hace llorar, el saber que tú también sufriste en silencio fortalece mis sentimientos para contigo

— ¡Te amo Luqui! Siempre te he amado

— Y yo a ti, nunca pensé sentir tanta dicha de poder decir estas palabras

— Siento una gran emoción dentro de mí, quiero que todo mundo sepa que te amo, que eres parte de mí, que siempre te he amado y que siempre te amaré; me gustaría poder grabar para siempre esto que siento por ti en una sola frase para que todo mundo que la lea se sienta identificado con lo más puro del sentirse amado y tener a quien amar: "**Te amo hoy y para siempre amor mío. Gracias por quererme tanto como yo a ti**"

— ¡Qué palabras tan hermosas! Te quiero, siempre te he querido, qué bueno que llegaste a mi vida

Se miraron de frente separando un poco aquel abrazo tan tierno, él tomó su rostro entre sus manos y un beso selló la relación que nació ese día, fue un beso breve, sublime y lleno de promesas, de ilusiones nuevas por venir. El amor triunfó una vez más, el amor nunca falla cuando es verdadero; prueba de ello se encontraba perpetuado en una roca que se ubicaba en un lugar oculto a la vista de la mayoría de las personas, quien llegue hasta ese lugar lo podrá comprobar, pero no es necesario, el amor no está fuera de los seres humanos, es un sentimiento dormido que se busca dentro cuando alguien es capaz de despertarlo. Ellos lo encontraron y seguramente lo perpetuarían con el paso del tiempo. Después vino la calma, sus ojos reflejaban un brillo diferente, era el brillo del amor, la llama ahora estaba encendida y ellos se encargarían de que no se apagara. Luqui no dijo nada, pero se imaginó la gran roca con las iniciales *E J* y bajo ellas una frase complementaria: "**Te amo hoy y para siempre amor mío. Gracias por quererme tanto como yo a ti**"

— Es tiempo de que regrese a casa, mi madre no tarda en llegar

— Te acompaño si no te molesta

— Claro que quiero, ¿sabes? Me gustaría que nos acompañes a comer, tengo muchas cosas que platicar contigo o mejor dicho, quiero que estés a mi lado, no importa si no platicamos, el silencio también es una forma de comunicarse

— ¡Te quiero Luqui! ¡Nunca me cansaré de decírtelo!

— Y yo te amo y siempre te lo estaré recordando

— ¿Qué pensarán tus padres de este amor que nació hoy?

— Mis padres ya lo saben

— ¿Les dijiste algo sobre lo nuestro?

— No es necesario, ellos lo saben

— ¡Te quiero!

— ¡Te amo!

La pareja se retiró con dirección a la casa de Luqui, no iban tomados de la mano, pero quien los encontrara en ese momento se daría cuenta de inmediato de que se acababa de topar con un par de enamorados. Le felicidad no puede ocultarse, es una consecuencia del amor. Una madre sonríe ante la ocurrencia de un pequeño al dar su primer paso; un padre sonríe cuando escucha por primera vez a su hijito decir "Papá", los abuelos sonríen cuando platican con sus nietos; un amigo sonríe cuando ha podido ayudar a otro amigo en problemas y un par de enamorados sonríe cuando están juntos… Eso es la felicidad, dar amor y recibir amor. Mientras tanto, poco a poco una banca quedaba solitaria a la espera de otra declaración de amor, ¿quiénes serían? No lo sabía, pero seguramente más pronto de lo que imaginara un nuevo par de enamorados se declararía su amor. No tenía prisa, ya llegarían y si no fuera así, también estaba lista para ser una gran confidente; al igual que un árbol que esperaba a dos enamorados para que disfrutaran de su sombra.

También, dentro de una habitación conocida, un tocador sostenía con orgullo un alhajero… El alhajero guardaba en su interior tres tesoros, dos de ellos habían sido descubiertos y disfrutados hoy a plenitud; pero un tercero era guardado celosamente dentro de una cajita de metal dorada, ¿qué perlas de sabiduría contenía? ¿Qué enseñanzas esperaban para ser develadas? Por el momento Luqui no tenía prisa en descubrir el contenido de aquel tesoro, pero pronto, muy pronto le serviría para continuar con la misión de Chavita en la tierra: Ayudar a los demás. Las enseñanzas del abuelo la habían preparado para ello, el amor de Omar Alejandro le acompañaría por siempre y la herencia de Chavita contenía el gran tesoro que las personas necesitan para ser felices y lograr sus sueños… Luqui era la elegida, pero hoy disfrutaría de ese gran amor, su gran amor…

FIN

www.ingramcontent.com/pod-product-compliance
Lightning Source LLC
Chambersburg PA
CBHW062059080426
42734CB00012B/2694